De leeven Naverslüüd

29 plattdeutsche Nachbarsgeschichten

Herausgegeben vom
Norddeutschen Rundfunk
Landesfunkhaus Niedersachsen

Quickborn-Verlag

Die redaktionelle Betreuung hatte
Anke Schlüns-Pipke.

Die Bearbeitung der Texte wurde von
Dr. Ulf Thomas Lesle vorgenommen,
wobei die plattdeutschen Schreibweisen
weitestgehend von den Autorinnen und Autoren
unverändert übernommen worden sind!

ISBN 3-87651-127-5

Umschlagillustration: Wolfgang Nagl, Hamburg
Gesamtherstellung: Clausen & Bosse GmbH, Leck
Printed in Germany

Inhalt

Vorwort

Im Herbst 1989 hatte NDR Radio Niedersachsen zum zweiten Mal aufgefordert: »Vertell doch mal!«. Plattdeutsche Kurzgeschichten wurden gesucht, diesmal zum Thema »De leeven Naverslüüd«. Rund 800 Autoren fühlten sich angesprochen und schickten uns ihre Gedanken, Erlebnisse und Einfälle zu diesem Thema.
Zu einem Thema, das unerschöpfliche Varianten und Interpretationen zuläßt, wie wir feststellen konnten. Nachbarn – das sind nicht nur die Menschen jenseits des Gartenzauns, gegenüber in derselben Straße und für eine lange Zeit. Nachbarn – das sind auch die Menschen jenseits einer Grenze, in einem anderen Land, das können Menschen sein, mit denen wir nur eine kurze Zeit zusammen sind, weil vielleicht der Zufall es so bestimmt hat. Und Nachbarschaft – das kann viel mehr sein als ein »Klönschnack« über den Gartenzaun.

Dieses Büchlein enthält einen kleinen Querschnitt aus diesen vielen Sichtweisen und Erfahrungen. Neben den preisgekrönten Geschichten der Autoren Heinrich von Ahsen, Anna Oestmann, Heinrich Kamp, Irmgard Grote und Liesel Baumgart, finden sich darin 24 weitere plattdeutsche Erzählungen, die bei unserem Wettbewerb in die Endausscheidung kamen. Ihnen, aber auch allen anderen »Amateur«-Autoren gilt unsere Anerkennung. Sie haben einmal mehr bewiesen, wie lebendig und beliebt die plattdeutsche Sprache ist.

Ganz besonders viel Freude bereitete uns die Zusammenarbeit mit den Mitarbeitern des Ohnsorg-Theaters, die uns stets mit fachlicher Kompetenz und freundlicher Unterstützung zur Seite standen. Hier bedanken wir uns, – ebenso bei den Mitgliedern der Jury.

Allen Lesern wünschen wir unterhaltsame Momente bei der Lektüre von »De leeven Naverslüüd«.

Thomas B. Stehling
Direktor
NDR Landesfunkhaus
Niedersachsen

Anke Schlüns-Pipke
Redakteurin
NDR
Radio Niedersachsen

HEINRICH VON AHSEN

Willem, Schorse, Jonny, de Russen un de Mutzen

»Kinners holt jo fast, de Countdown loppt«, meente Schorse to siene beiden Kumpels Willem un Jonny, in'n Ruumschipp Explorer fief up Cap-Canaverel in Florida. Schorse weer de Funker, Willem de Vortorner oder Kommandant un Jonny weer Mäken for allns, sone Ort Handlanger. Fief-Veer-Dree-Twee-Eent-Rumms un los güng dat Specktokel. Fastholen bruckten se sik nich, ehr Achtersten weer was anbackt in ehrn Fohrstool in Himmel. Dat güng hoch as de Füürwehr. Ohne Komplikation weern se bald bi 500 km hoch anlangt.

Jonny weer von Natur her nich ganz witt von siene Huutfarbe her. Sien Ur-Ur-Opa harr fröher siene Fööt woll in Kongo wuschen. Ober nu weer use Jonny kriedewitt in Gesicht, he sluckte jümmers vergebens dool. »Jonny, is di nich good, muß do mool wo henn?« Jonny nickte, snacken droff he all nich mehr. »Willem, geev mi mol snell dien Mutzen.« As Kommandant harr he siene goldbestickte Offiziersmutzen up. »Ik hang de över de Video-Kammera. Nu geiht dat in use Intimssphäre, dat bruckt de dor unnen nich to sehn.« Jonny siene Innereen weern nu wedder in Loot, he weer dor mit dör, sien Gesicht harr wedder sien dunkeln Clöör funnen.
Nun gung dat Funken von unnen los »An Explorer fief

– An Explorer fief« – »Wat wööt ji denn?« frogte Schorse. »Ausfall Video-Ausfall Video.« He harr vergeeten de Mutzen wedder runner tonehmen. He geev sien Kommandant de Mutzen wedder. »Von Explorer fief – Video erfolgreich repariert, dor weer'n Kobel lose.« – »Jonny, nu eet man eersmol wat, ik heff'n poor Frikadelln un Pommes in'n Mikro leggt, dat du wedder wat in Mogen kriss, 'n lüttschen Kümmerling hevv ik dor ook biestellt.«

Weer jo nu nich so, dat uset Trio'n Pingstuutflug möök, nee, se mossen noch dree Satelliten utsetten un scholln sik noch an dat russische Ruumschipp Igor acht ankoppeln. De armen Russen suusten all veer Monote um use Modder Eer. Willem mit siene Cruuw scholln jem wat to eeten bringen.

»Hier, Jonny, nehm mol dat Fernglas, kiek mol dor unnen is de Kongo, dor stammt dien Ur-Ur-Opa her«, verklookfiedelte Schorse Jonny siene Geografie-Kenntnisse.« Nu koomt wie över de Sahara no Europa to, dor is dat Middelmeer, de Steebel Itolien mit denn Football Sizilien, Rom, dor wohnt de Pobst, nu de Alpen.« Jonny weer ganz verdattert. »Kieck mol, wi schollt anners sien, in Salzborgerland dor regent, nu sind de Wulken wedder weg, dor is München, Würzborg, dor wasst de Boxbüddel, Hannober, Bremen. Nu kummt de Nordsee, dor is Helgoland, hier rechts is de Elbe, Hamborg un links von Hamborg is Buxterhude, dor stammt mien Ur-Ur-Opa her. Un Willem sien Ur-Ur-Opa weer'n Buure, de stammte ut Johannisborg, dor suust wie Morgen fröh överhenn, ik wies di dat denn.« Jonny harr dütt allns so mitnohmen, sünnerlich dat mit

den Kongo, dat em de blanken Troon öber de Backen lööpen.
»Explorer fief an Bodenstation«, funkte Schorse no unnen. »An Explorer fief, wat is los dor boben?« – »Video Kamera fang an to smoorn, mut ik reparieren.« – »Willem schnell dien Mutzen. So nu sind wi wedder unner uns, nu wööt wi eersmol'n lüttschen drinken!« Schorse harr wahrhaftig'n Buddel Jim Beam, 15 Johr oolt, innsmuggelt. »Jonny geet nich so hastig inn, anners hangt von wegen de Swoorelosigkeit use schöne Whisky unnere Decken.« – »Willem, hier dien Mutzen.« – »Explorer fief an Bodenstation, Video is wedder inntakt.«
Nu mossen de Satelliten rut, Jonny kreeg denn Weltruumanzug an un moss in de Schlüüsen, wo de Dinger legen. Willem as Kommandant: »Jonny paß up, de Dinger sind düür. Wenn du inne Schlüüsen bis, mook ik hier dat Schott dicht, denn hangs du to allereers denn Karabinerhoken von diene Klodoje in denn iisern Ring, dat wi di um himmelswillen nich verleert. De Ring is links achter dat Schott.« Jonny nickte, dat he wedder'n beeten wittschen weer, konn'n in sien obosigen Anzug jo nich sehn. »Jonny, denn mook ik achtern dat Schott open, denn bis du in Weltall. Ik löös mechonisch denn eerste Satelliten ut, denn peddst du dor duchtig gegen, ober pedd mi um himmelswillen nich gegen de Sunnenpaddels, dat de nich twei goht, as de bi SAT 1 ›Made in Germany‹.« Jonny nickte. »No twee Minuten peddst du gegen denn Tweeten. No fief Minuten gegen denn dritten Satelliten, dat is de grodste, de wich so an de twinntig Zentner, ober dat muddels du von wegen de Swoorelosigkeit.«

»Explorer fief an Bodenstation«, haar Schorse to vermellen. »Wi hevvt alle dree Satelliten good in ehre Umloopbohn brocht – Ende.« »Willem snell dien Mutzen« – »Video Kamera defekt!« Se harrn wahrhaftig verdeent, den Buddel Jim Beam, 15 Johr oolt, 'n beeten lichter to mooken.

So, nu wolln se eersmool'n poor Stunnen sloopen, harrn se ook rechtschaffen verdeent. Schorse wookte up, von unnen quarkte dat dör dat Funkgerät: »An Explorer fief – An Explorer fief –« vordorrinochmool, wedder harrn se vergeeten ehrn Käpten sien Mutzen wedder uptosetten. »Wat wööt ji denn, wi hevvt dat Licht utknipst, man mut'n doch ook mool sloopen!« – »An Explorer fief – Kontakt aufnehmen mit Igor acht.«

Dat weer Schorse siene Upgobe. »Explorer an Igor.« De Russen meldten sik foors, de tööften all up jem, de armen Dübels harrn all veer Weeken keen Machorka mehr, un ehr Woter güng ook up'n Rest. Regenwooter gevt hier jo nich. »Wo sind ji denn?« – »Över Melbourne.« – »Denn blievt dor man, wi koomt dor hen.«

No good twee Stunnen harr Willem jem dor hennschippert, den Igor konn se all sehn. Nu keemt up Willen an, dor ganz sachte antokoppeln, Jonny moß wedder in de Schlüüsen, Schorse wohrte denn Funkkontakt. »Jonny, ik föhr nu trückoors an Igor ran, denn steekt de Russe veer Schruuben dör de Lööker, twee boben, twee unnen, de paßt genau, denn muß du von hier de Muttern upschruuben un mit'n Slöötel fast antrecken, ober nich affrieten.«

Dat klappte allens wunnerbor. Wi veraffredt drückten beide Kommandanten up'n Knoop, de Schotten güngen up. Jonny un sien Kollege, de de Schruuben dörstecken harr, legen sik in'ne Arme. Schorse drückte sien Funkerkollegen. De beiden Kommandanten fülln sik in'ne Arme, dat ehre Offiziersmutzen, goldbestickt, as wi Segelfleegers dör de Swoorelosigkeit schweevten. Schorse snappte sik een von de Mutzen, de paßte ook up de Video-Kamera ›Made in UDSSR‹, dat Ding konn jo ook mool twei sien. Man good, dat he'n ganzen Liter Jim Beam, 15 Johr oolt, innsmuggelt harr, de woord leer.
De beiden Kommandanten snackten öber de Technik in ehren Schippen, öber Politik un Perestroika, de annern veer sleepten in Wäschekörf de Freetereen von Explorer in den Igor.
Nu wedder affkoppeln, Jonny dreihte de Muttern, twee booben, twee unnen, wedder los. De armen Russen mossen noch twee Monote boben blieben.
As Willem sien Schipp glücklich in'ne Wüste von Nevada landt harr, fung Schorse luuthals an to lachen. »Willem, kick mol dien Mutzen an, dor is jo vorn'n Homer un Sichel up.«
Wat de russische Käpten woll lacht hett öber sien amerikonschen Mutzen up'n Kopp.
De beiden Komandanten böhln de fremden Mutzen as Andenken. Jed een kreeg'n nee Mutzen, goldbestickte amerikonische un russische Offiziersmutzen givt jo nog.

ANNA OESTMANN

De leeben Noberslüüd

Kai un Lisa seeten an' Freuhstücksdisch un lesen Zeitung. Mitmol leet Lisa dat Blatt ut de Hand sacken un wörd kriedwitt int Gesicht. »Vadder, lees mol, wat hier steiht. Dat drückt mi schier dat Hart aff.« Kai neehm sich de Zeitung, les – un müß jümmer wedder schüttkuppen. »Dat is een slimme Sok mit düsse Medizin. Ick frog mi, wokeen dör dütt Dübelstüch harter stroft is, de Kinner oder de Üllern?«

»Uns Kinner hebbt toomols düssen rosa Saft inkregen, as se denn' Keich-Host harn, un ick, Vadder, – ick hebb em an Ilse wiedergeben. Se keem von de Seereis trück, wür öbermeud un no viertein Dog jümmer noch seekrank. In Würklichkeit har sich de lütt Uwe anmild. Ach, jo, se hett eer Glück toierst gor nich foten kunnt.« »Un wat is ut eer Freid för een groodes Hartleed worden.« »Un ick dreeg de Schuld doran, Kai, wat hebb ick mi blooß up mien Geweten lod!« »Frog leeber dorno, woans Ilse dormit leben kann. Mi dücht, wü harn uns miehr üm eer kümmern müßt, nodem se so kupploos dat Hus up de Geest köft hebbt. Eer Hein is up wille Fohrt gohn un hett eer twee Johr lang ünner frömme Lüd alleen loten.« »Worüm hett he sich so no un no von de ole Noberschupp trücktrocken?« »Worüm? Se hett jümmer in Angst seeten, datt de Kinner dumme Frogen stilln dän, un se hett joon Mitleed nich erdregen kunnt. Sünd di nich furts de Tronen ut de Ogen schoten, wenn de Lütt di de Hand geben hett? Keener von uns Noberslüd hett dat recht verstohn eer uptorichten. As se noch keen eegen Kind har, stünn se alltiets to'n Inheugen för uns porot. Nu brukt Ilse uns Hölp. Lot uns morgen no eer hinfohrn.« »Lot uns bitt öbermorgen teuben, Kai, ick mütt ierstmol verseuken, dormit trechttowarn.«

Ilse har allns' in de Reeh bröcht, un no de letzten Stünns' twüschen Bangen, Vergeben und Höpen öberkeem eer een stille Tofredenheit. Se leet all de scheunen Dog, de se mit Hein up See un in frömme Lann' verbröcht har, an sich vörbitrecken. Ober twüschen düsse scheunen Biller scheuf sich mitmol wedder de ruge Würklichkeit un hol eer in. De Gedanken dringeln sich trück, – in de Klinik, un se hür denn' Dokter mit de Hebamm tuscheln: »Wü lot de arme Froo ierstmol slopen, bevör se dat Kind to seehn kriegt.« Dör een' griesen Sleier ut Dok un Droom wörd se up'n Slag hillwok un feuhl een grode Gefohr up sich tookomm'. »Wat is mit mien Kind? Ick will mien Kind seehn?« »See hebbt een' Jungen von söben Pund«, seggt de Hebamm, ober denn wüllt eer de Würt nich miehr öber de Tung lopen. Still leggt se Ilse dat lütt Minschenbünnel mit de grooden Ogen in' Arm. In' sülben Ogenblick quält sich een stöhnend Upschree ut eer Kehl. Se will bisietkreepen, will afrücken von dat Bild, wat eer dor in de Meut jumpt.
Dor, wo bi jeeden normolen Minschen de Arms anfangt, dor hett dütt Kind sien Hann' sitten. Ilse eer Ogen bliewt an dat fiene Gesicht mit de dunklen Ogen

hingen, un de harte, klore Würklichkeit bohrt sich deeper und deepter in eern' Verstand rin, bitt se begreep, datt ok de besten Dokters up de Wilt an dütt Kind keen Wunner vullbringen kunn'.
As se ut denn' iersten Slop wedder vertüch kummt, sitt Hein bi eer an' Bitt un hett denn' Kupp in de Hann' stütt. Wenn hee doch wat seggen wull! Ober hee kann blooß jümmer schüttkuppen un deep no Luft jappen. Hee ward dormit nich trecht, un hee weet nich, wat hee antern schall, wenn de Verwandtschupp un de Noberslüd em frogen doot.
Dat liese »düt, düt, düt« ut'n Telefon-Hührer dreew updringlich eer Dräume bisiet un mok eer noch eenmol hillwok. Eer Ogen striegelt wedder un wedder över Uwe sien fienes Gesicht, in dat se Höpen un Freid lesen kann, mit dee hee inslopen is. Denn sackt se in' Nebel trück un dinkt an denn' Jungen sien iersten Stünns', as sien lütte Hand sich so fast üm eern' Finger sloten har. Vull Vertroon harn eer de iernsten Ogen ankeken, as wulln se seggen: »Ick kann doch nix dorför.«
Se har versöcht, mit Leew un Vertroon sien Kinnerjohrn licht un sünnig to moken. Ober dat »Vertroon« wür nix anners as barmhartige Lögen wesen, mit dee se johrut un johrin leben dä. Se drücken eer as een swore Last, un de Angst vör de Wohrheit bröchen eer miehr un miehr üm de Nachtruh. Se har Heimweeh no de vertrooten Minschen ut de Noberschupp, mit dee se Freid un Leed deelt har.
Frömd wür se bleben in dütt Dörp. Se kunn dat halfwies neeschierige, halfwies mitleedige Kieken von de

Lüd nich erdregen. Un johrelang jümmer dat Luern un Teuben up Hein.
Een slechte Vadder wür Hein up sien Ort nich wesen. Hee har denn' Jungen een Sandkist boot un een Schaukel, ut dee hee nich rutfalln kunn.
Up See mok hee lütte Seilscheep för Uwe, un hee schick so männich Pokeet ut Ameriko. Ober hee is nirgends mit jüm hingohn, un worüm hett hee nie leden, datt se mit denn' Lütten an Burd keem. Un jüst dat wür denn' Jungen sien gröttste Droom.
»Vielleicht hebb ick sülbst toletzt ok an dat Wunner gläuwt, wenn ick Uwe jümmer dormit treust hebb, datt sien Arms eenen Dogs noch wassen dän. Un de Jung hett mien Würt so seker gläuwt, ok hüt obend, as hee soo vull von Höpen de bittere »Medizin« dolsleuk, dee sien Vadder ut Ameriko schickt har!!!«

As de Tiet keem, datt Uwe no School hinkomm' müß, wür se anfungen eer Sloptabletten to sammeln. Wat schull warn, wenn de annern Kinner up'n Schoolhoff mit em rümsteuten oder em de Wohrheit seggen dän? To all eer Quol un eer Bangen sleug dat Schicksol mit een Noricht up eer in, dee eer denn' Bodden ünner de Feut wegreet! Jüst as een Anklog lees se Öberschrift in de Zeitung, un se wüß, mit dütt Contergan, dat se toomols innohmen har, wür se schüllig worden.
»Worüm sünd wü von Tohus wegtrocken, dor, wo eener denn' annern kinnt un holpen hett? Wo foken har ick Troost bi Kai un Lisa finn' kunnt.«

Hein stüer sien Schipp neuger un neuger an de Pier ran un keek aff un too öber de Reling, üm Ilse un Uwe tootowinken. As de Gangway hindol loten wür, störm de Jung vörut un sien' Vadder in de Meut. »Ick bünn de ierste, de an Burd kummt, Papa«, röpt hee vör Freid, löpt up sien' Vadder too un hult em mit beide Arms üm'm Hals fast!

Up'n Slag seet Hein uprecht in sien Kooje. Denn' Jung sien Stimm' hüng em noch in de Uhrn, un hee kunn noch de Warms von sien lütten Arms feuhln. Sien lütten Arms???? Jo, hee har se feuhlt, soo dütlich kann doch keen Droom wesen!

Em stünn' up'n Stutz de Hoarn to Barg, un koolde Grösen leepen em öbert Lief. Hein sprüng ut'n Bitt, sust in de Funker-Kommer un still de Verbinnung mit Norddeich Radio heer. Un denn teuw hee vull Angst un Ungedür up Ilse eer Stimm'.

As de Nummer bi em Tohus no een Stünn' jümmer noch besett wür, kreup dat Angstgefeuhl heuger un heuger in sien Bost hoch. Sien Geweten güng in düsse Stünn' hart mit em int Gericht! Hee wull allns' wedder goodmoken, wat hee so lang versühmt har. Un hee wull sich to sien Jung bekinn', soo as hee wür. Wat güng em dat Snacken von annere Lüd an. Wür de Lütt nich sien eegen Fleesch un Bloot?

Tohus wür de Klock acht, un hee wüß, datt Ilse denn' Jung'n obends nie alleen loten dä. Alleen?? Dat Wurt kreeg mitmol een swoar Gewicht. Har hee jüm nich Johr un Dag alleen loten, dor in dat minschenleddige Geestdörp? »Wü treckt wedder no Hus, dor wo wü hinhüert, un wo jü beid nich miehr alleen sünd.«

In Gedanken teug een ganze Reeh von sien leeben, olen Noberslüd an em vörbi, un mitmol bleew dat Bild von Kai un Lisa vör em stohn.
Schull hee verseuken, jüm üm Hölp antoroopen? Licht föll em dat nich, wo se doch goode fief Johr nix von em hüert un seehn har.
Dat schien een Ewigkeit to duern, bitt de Hührer afnohmen wörd. Un no een korte Tiet de bange Frog: »Ist dat toveel verlangt, Kai, wenn ick joo beden doo, hüt obend noch bi uns no'n Rechten to kieken?« »Mok di keen Sorgen, Hein, wü fohrt furts loos. Du kannst di up dien olen Noberslüd verloten, jüst as in de freuheren Tieden.«
Up'n Weg no de Geest güngen Lisa sünnerliche Gedanken dör'n Kupp. Se har denn' ganzen Dag öber mit een Gefeuhl von Unruh an Ilse dinken müßt. De Klock wür kort no negen, as se in dat düstere, verlotene Dörp rümbiesterten un endlich bi Ilse wör de Husdör stünn'. – Nix reug sich up jüm eer Lüden, ober as Kai de Klink anfoot, geef de Dör no. Se reepen, doch keeneen geef Antwurt. Blooß in de Stuw wür soo een deepes, swoares Lufthooln to hüern und dortwüschen klüng ganz sinnig dat »düt, düt, düt« vont Telefon.
De beiden bleew de Upschree in de Kehl steken, as se up'n Leden stünn'. Ilse wür all wiet, wiet wegreist, ober eer Hart weehr sich unsleug noch vull Kraft. För denn' lütten Jungen in eer'n Arm keem jeede Hölp to lot.

HEINRICH KAMP

Noaberschaften

Dei Sünn schinnt hüm liek in't Gesicht, ofgliek hei den Haut deip in dei Stirn trokken haf. Hei haf dei Oogen tau, un dei Schatten van dat letzte Blatt an den Kastanienboom trillt över dei stoppeligen Runzeln van sien Gesicht. Dei Atem hang hüm vör sien Mund un werd tau Droapens, dei dör dei Boartstoppeln kullert un dann up den Mantelkroagen droppt. Hei markt nich, dat dei Külde sinnich an hüm hochkroapen kump. Dei Hande deip in dei Tasken van sien Mantel, dei de Kneie bedeckt, den Kopp tüsken dei Schuldern trocken, sit hei doar, ohne sük tau bewägen. Dann moakt hei ein Spalt wiet un full van Mißtrauen dei Oogen up. Hei will seihn, of dei Sünn uk wahrhaftig schinnt, denn hei spürt goar kiene Warmte.

»Dat is doch anners as Neonlucht«, denkt hei. »Neonlucht moakt dei Mensken kolt, un dei Külde verbrannt dei Säälen.« Un dann moakt hei wär meuh dei Oogen dicht un wunnert sük, dat hei nich früß, ofgliek hei dei Warmte van dei Sünn nich spürt. »Dat kummp van here Nechte. Sei was alltied so moi warm. Sei haf mie warmt, siet wie us kennt.« Un as hei sük vörbeugt un mit dei Feute dör den Kies schurrt, doar stöhnt dei Bank unner dei Bewägung. Un düt lütke Geräusch lat dat luude Rauschen van dei Stadt noch widder wech, noch utsperrter klingen.

Dör düsse seltsame Stille hört hei Träe up den Kies,

Träe, dei olt un as up drei Beine nehger koamt. »Dat is bestimmt dei Olle, dei ik all oft hier sein haf«, denkt hei. »Dat is doch markwürdig, dat wi noch noit miteinanner prodt habt. Dat kump van't Öller, dat Öller moakt bange.« Hei moakt erst dei Oogen open, as dei Träe jüst vör hüm uphört, un hei den Schatten up sien Gesicht spürt.
Dei Olle steiht up ein Stock stützt liek vör hüm. Dei Mantel geiht fast bis up dei Feute, un dat graue Hoor is unner den Haut tau ein Dütt steckt. Dat süch so ut, as wenn sei here Joahre up den Rüggen drägen müßte, so lütt un duckt is sei. Sei dreiht hüm den Rüggen tau, schinnt in dei Sünn tau stieren un sech nichts. Man dann fangt sei doch an tau proten. Dat is erst ein Murmeln, dat in dei wieden Geräusche van dei Stadt flütt. Un ganz sinnich werd here Stümme luuter. Sei sech, dat et kolt is, un dat sei wall moal mehr hierher kump, un dat sei in den sesten Stock van dat Hochhuus doar achtern woahnt, un sei wiest mit heren Stock up dat Hochhuus, dat över dei koahlen Böme grau un kolt in den Himmel steck. Un dann sech sei, dat sei oft allein is un doarüm heren Mann besöch. Sei wiest doarbie mit heren Stock up dat Graf mit dei Harfstblaumen. Un dann, as schäm sei sück, so feel prot' tau haben, swich sei un dreiht sük vörsichtig üm tau hüm. Sei süch richtig verlägen ut.
Hei lächelt her tau, un dat Upstoahn fallt hüm schwoar. »Miene Frau lich doar, tägen heren Mann.« Hei wiest up dat Graf. »Ik koam alltied hierher, um mie uptauwarmen.« Sei nickt ganz ernst, denn sei haf hüm verstoahn.
Dann goaht sei tau dei Gröver, sinnich, jede Träe ein

Ploag. Un as sei för dei Gröver stoaht, sech sei fast ohne Stümme – un dat hört sük kien bittken trurich an: »Lange duert dat nich mehr, dann bün wi uk Noabers.» Doar lächelt hei wehr un sech: »Man dat bün wi doch all. Ik woahne in'n säbenten Stock doar achtern.« Hei wiest up dat graue, kolde Hochhuus.
Dann dreiht sei sück üm un goaht dicht bieinanner ganz langsam up dei deipe Sünne tau, dei liek in here Gesichter schinnt, un here Schattens werd immer länger.

IRMGARD GROTE

Möllers Opa is weg

Ne trurige Geschichte is dütt! Wat segge ik: Geschichte? Dat hört sik ja meist an, as off ik en Märken vertell'n will! Nee, nee!! Düsse Geschichte is wahr un würklich passiert, ook wenn et sik löggenhaftig anhört! En Drama is et, wat ik siet gistern kenne. Du werst et ook noch klook!

Anita, mien Naberskind, kümmt to mik, as ik vör de Huusdöre stahe, Veermahlstied was vörbi un ik woll noch en bitchen frische Luft snappen. Anita wischt sik ümmerto de Tranen aff, as se mik öhre Unglücke vertellt: »Unkel Franz, miene Mama weent noch veel mehr as ik, dat unse Opa weg is! Jetzt könne dat nich mehr passieren, seggt Mama, die »Iesern Vorrhang« is schuld daan!«

»Dien Opa is weg? Wo kann denn sowat vörkomen?« frage ik Anita. »He is doch lange doot! Alleene weglopen könn he doch nich mehr! Un sik versteken ers recht nich! Dat is ja woll en Rätsel mit dienen Opa!«

»Ach, Unkel Franz«, – un nu höre ik dat Drama ganz van vörn, – »du wettst doch, dat mien Opa vör twintig Jahr'n ut'n Erzgebirge affhaut hat, as unse Oma storben un begraben was. Awer he hat ümmer seggt, wenn he mal doot is, will he wedder nah siene Heimat un bi Oma mit int Graff. Vör söß Jahr'n is Opa storben. Wi hebben hem inäschern laten bi Beerdigungsinstitut »Pietät«, du wettst dat ja ook noch, Unkel Franz. Un as Mama de

Urne röberschicken woll, da kümmt van de DDR de Bescheid: Einreise abgelehnt wegen Republikflucht!«
»Wat denn nu?« hebben Papa un Mama seggt un lange öberleggt, wo et nu mit de Urne un Opa wiedergahn könne.
»Pietät« hat denn inverstahn west, dat de Urne fört erste bi öhr stahn bliewen könne.
Een Jahr späder hat Papa wedder en Andrag stellt, Opa siene Urne int Erzgebirge schicken to können. Antwurt: Abgelehnt wegen Vergehens gegen die Gesetze der DDR!
So bleev Opa bi »Pietät« stahn, een Jahr na'n annern!
Unkel Franz, du wettst ja, van'n 9. November 1989 an is dat nu anners, Republikflucht för Opa givt et nich mehr as Strafe! Glieks hat Mama an Opa dacht, dat he nu nah unse Oma kann, un wi alle woll'n hem henbrengen na'n Erzgebirge!
Mama rüppt bi »Pietät« an, dat Papa kümmt un de Urne affhalt. Da meint dat Institut, so fix geiht dat nich, wenn Opa all so lange doot is un da stahn sölle, denn mößten se da sülwest ersmal nahkieken. Wie kregen Bescheid.
Gistern kümmt nu en Breef mit de Nahricht: »Trotz intensivster Suche konnte die Urne nicht gefunden werden! Wir bedauern ganz außerordentlich, Ihnen keine andere Antwort geben zu können!« Mama hat sik glieks in'n Sessel sett't un ganz dulle blarrt! Un Papa hat schümpt: He föhrt upstunns hen nah »Pietät«, he will Opa da woll finnen, he söcht, bet he hem hat!

Papa föhrt denn mit ne Tasche los un hen nah »Pietät«. He werd ganz fründlich begreut't, un denn kickt he in dat Register rin. Opa is da ook richdig indraget, aber utdraget is he nich un ook nich dorchstrecken as alle annern. Denn kann Papa in de grote Kamer mit alle ollen Urnen söken, he find't unsen Opa nich. De »Pietätsminsche« tuckt de Schuldern: »Es ist und bleibt uns ein Rätsel«, hat he to Papa seggt.
Awends kümmt Papa ganz trurig mit de leddige Tasche wedder nah Huus, he is fix un fartig! Un Mama weent nu noch veel mehr! Un ik ook! Worüm hebben wi uns all de Jahr'n nich üm Opa kümmert!« Dabi lopen Anita de Tranen as wi ne lüttje Rönne över öhre rooen Bakken!
Ik drücke de lüttje Nahbersche en bitchen an mik un tröste se: »Anita, müßt nich mehr trurig sien! Opa hat et doch so goot hat bi Papa un Mama un dik! He is ümmer vergnögt west! He hat villichte nah Oma int Erzgebirge en Weg funnen, den wi as lebennige Minschen gar nich kennen! Dien Opa is nich weg, glöv mik dat!«
Un denn geiht Anita nah Huus! De Tranen lopen nich mehr, se süht richdig en bitchen tofreden un lustig ut.
As wi awends in de Stube alle tohope de »Möllers-Opa-Story« vertell'n, mütten wi luuthals lachen öber dat Drama. »Den eenen sien Uhl is eben den annern sien' Nachtigall«, un jeder dachte sik en annern Sluß ut. Awer unse Junge hat seggt: »Dat is ja Stoff för en richdigen Krimi!«

LIESEL BAUMGART

Achten Tuun – dor fehlt di wat

Moin!
Döff ick mi eerstmol vörstelln: Sissy heet ick – oder ok »de Hund«, as mien Herrschaften mi af un an nöömt. Vun mien leeve Naverslüüd schall ick ju vertelln? Dor mutt ick eerstmol een ganz' Tied trüchdinken... Jo, dat weer noch vergangen Sommer, as wi achter us Huus bloots den Gorn harrn un sünst nix as Wiesen un Feller un'n Stück Wald. Ach jo, so'n lütten Tümpel weer dor ok noch. De Oanten, de dor swummen, jo, de telln to mien Naverslüüd. Wenn se denn an Land kämen mit ehrn appeldwatschen Gang, denn kunn ick ne anners un heff ehr 'n beeten jagt, man rein ut Spoß, versteiht sick. Dootmokt heff ick keeneen, weern doch leeve Tiern un harrn mi nix don – un ick harr wohl ok 'n gehörig Jackvull kreegen vun mien Herrschaften, wenn ick ehr so'n doode Oant anschleept harr. Ok mit de Pück heff ick speelt, man de weern jümmers so fix, wat ick ehr nie nich griepen kunn. Fangen speelen mit de Hasen bröcht mehr Spoß, aber ok de heff ick nix doon, is jo wohl kloar. Richtig fangen un dottmoken döff ick bloots Müüs, wieldat de in't Huus rinloopt, seggt mien Herrschaften. Ach ne, de doren lütten Feldmüüs sünd doch so possierlich, ick kann ehr eenfach nix toleed doon. »Du wullt 'n Jagdhund ween«, seggt mien Herrschaften denn... Na, dat höört wohl nich hierher... Wat harr ick denn noch för Navers: Fasanen weern dor in'n Harst

op de Wies, un ok Rehn kämen mennigmol ut'n Wald rut un sän goden Dag. Mien allerbeste Fründin aber weer 'n lütten Vogel, Lerche hett se heeten. Wenn ick morgens mien eersten Gang öbert Feld moken dä, denn sung se jümmers 'n scheunes Leed, ganz alleen för mi! Dat glöövst nich? Doooch!!! Jo, un denn weern dor de Igels. Harr ick jo too geern mol mit Ballspeelt, wenn se sick so inkugeln dän. Aber dat weer wohl nix för mien fiene Näs west: De piekt, de Östers! Man nüdlich weern se jo, wenn se so mit de ganze Familie öber de Wies marschierten. – Schall ick di dat nu vertelln? Een Kavalier harr ick jo ok dor buten! Waldi heet he un weer dat, wat ji Minschen 'n Naver nöömt; denn he wohn bi Peters nebenan. Meist jeeden Morgen kunn he utbüxen, un denn haarst us mol sehn schullt, wo wi tosomen över Feller un Wiesen flitzt sünd...
Tja, dat is jo nu allns vörbi. Een »Umgehungsstraat« hebbt se buut, glieks achter usen Gorn lang, möörn över de Wiesen un Feller un jüst dürch den lütten Tümpel dürch! All mien Navers sünd wechgohn, 'n poor sogor dootfohrt, eerst von den Maschins, de dor an't buun weern, un nu vun de Autos, de Dag un Nach lang de Straat brummen doot. Wenn ick bloots an de lütten Igels dink... ganz to schwiegen von mien Waldi, den hebbt se ok footkreegen, vergangen Week eerst. Ganz truurig hett he mi ankeeken, as he so dorleeg op de Straat, un denn hebbt se em wechbröcht. Wat he nu noch an't Leven is – ick weet dat nich!
Denn hebbt mien Herrschaften ründ üm usen Gorn 'n hoogen Tuun buut, wat ick man jo nich mehr vun't Grundstück loopen kann un ok noch ünner de Röö

kumm. Nu segg mi mol een: Wat is dat denn noch vör'n Leven! Dat mokt doch keen Spoß mehr, insparrt achtern Tuun un ganz ohn' Klöönschnack mit anner Lüüd. Warst jo rammdösig, wenn du bloots noch an'n Tuun langloopen und dürch de Maschen kieken kannst! Nülich heff ick sehn, wat se mit dree Mann hoch in'n Wald west sünd, dor hebbt se sick 'n ganz Tiedlang de Bööm bekeeken. Ich glööv, so bilütten kriegt de Minschen dat spitz, wat se anstellt mit de Natur. Man in Würklichkeit doot se nich veel, buut jümmers noch mehr vun den doren »Umgehungsstraaten«.
Un ick, ick kann nu bloots noch mit de Müüs speelen – de sünd tomindst dorbleven. Aber hier op den lütten Placken achtern Maschendroht kummst jo nich wiet, rasselst mit'n Dassel an so'n dösigen Tuunpohl, eh du di versühst, un de Müüs haut eenfach af dürch de Maschen un hööcht sick een! Nee würklich, dat mokt keen Spoß mehr! Wenn ick doch bloots noch eenmol mien beste Fründin singen höörn kunn, bloots eenmol noch an'n fröhen Morgen op't Feld gohn un mit Waldi üm de Wett rennen... Nix as drömen kann ick noch vun dat frie Leven mank all de Tiern, de mien Navers west sünd.

Ick kann di seggen:
Dor fehlt wat in't Leven, wenn du ehr nich hest – de leeven Naverslüüd!

ANNELIESE BARTELS

Nootnabers

»Hach, wat giert dor al weer een Auto dör d' Kurv'!« Hilde sitt an d' Fenster un kickt verfehrt up. Dat de Lü ok so rasen mutten! Een Glück, dat de dicke Eeckboom siet vergangen Johr nich mehr an Brink's Lohn' steiht. Nu jagt sück blot noch dat een of anner Auto of Motorrad in de lüttje Wall fast.

Wo faken was Hilde al – so as fröher ok al hör Ollen – na d' Straat hen lopen un harr hulpen, wenn dor mal weer well mallört was. »Mußt alltiet 'n paar Kökenhanndoken, utkookt un good plätt't, in d' Schapp liggen hebben, wor du dann na griepen kannst«, harr Moder mal tegen hör seggt. »De Kurv' is domols in de dartiger Johren verkehrt anleggt worden, dor passeert alltiet weer wat!«

»Vandaag harr 'k nich na d' Straat henlopen kunnt«, denkt Hilde un treckt sück de Wulldeken over d' Been. Se was vör 3 Weken ut't Krankenhuus komen. »Ein viertel Jahr«, harr de Dokter seggt, »dürfen Sie Ihr Bein nicht belasten, erst dann sollten Sie ganz langsam wieder mit dem Laufen beginnen!«

Heinz tickert an d' Fensterschiev: »Mußt di noch evkes gedülden, ik kom futt rin un sett Teewater up.« Hilde haalt'n depe Sücht. Verleden Harvst harr se de Tuun noch sülvst upschiert. Man dit Johr sullen de Tulpen wall nich mehr in d' Grund komen. Hör Mann gaff sück vööl Meite, man de unwendt' Arbeit in Tuun un Huushollen gung hum nu doch nich so fell van de Hannen as hör.

Un Maandag was sien Urlaub al weer to End'. Wo sullt dann wiedergahn?

Van de Nabers up güntsiet kunnen se wall kien Hülpe verwachten, de gungen hör egen Weg. Un Brinks wassen wegtrucken, de neeje Lü erst güstern komen. Bloot Lotti, de dor up anner Siet an't Fenster waschen was, ja, de würr hör seker helpen, as Nootnaber, wenn se nich all Dage na d' Arbeit mußde.

Lotti, ja, de harr domols ok futt mit topackt, as de gröne Opel mallört was. Een Mann un twee Fraulü harrn drin seten. Pingsten was dat west, Pingstsaterdag vör veer Johr.

Hilde harr nett hör Haar waschen wullt, do harr se de Knall hört. Kalkwitt in d' Gesicht was dat junge Wicht west, dat se dann toerst ut't Auto ruthaalt harrn.

Dat dor in d' Greß vör hör legen harr, bloodversmeert dat blonde Haar, un trillend in hör dünne, witte Bluse, bi de fienkolle Vörjohrswind.

Heinz harr gau de Maltesers anropen un was dann mit'n paar Wulldekens van Huus weer torüchkomen.

Lotti harr sück intüschen al um de anner Frau kümmert, un 'n paar Mannslü um de Fahrer.

Man Hilde was bi dat junge Wicht bleven, harr hör up Siet leggt, warm todeckt, de Hand hollen, de Puls föhlt, hör allmannweg anproot't. As van wiether harr dat Wicht hör of un to mit grode Ogen ankeken un dorbi na de Koppverband grepen, de Hilde hör anleggt harr.

»Leve Gott, se dürt mi hier doch nich unner de Hannen wegstarven!« Mit hör Gedanken, mit hör Will' harr

Hilde versöcht, de Dood to bedwingen, dat lüttje, flukkernde Lücht an't Leven to hollen! In d' Wagen harrn se dann de Papieren van de Lü funnen. De Mann un de Frau wohnden nich wiet of, man dat junge Wicht kwamm ut Holland. As de Krankenwagens wegfohren wassen, harr Hilde futt bi de Angehörigen anropen. Blot van dat Wicht ut Holland kunn se kien Nummer finnen. Man dor wullen sück dann noch de Gendarms um kümmern. »Erst do«, denkt Hilde, »bün ik anfangen to trillen! As'n Rüschk in't Water un'n heel Sett lang. Of dat Wicht wall overleevt hett?«
»Ik maak uns nu Koffje«, Heinz is in d' Köken komen un haalt gau de Tassen ut d' Schapp. »Uns' neeje Nabers komen futt overdwars. Ik hebb hör nögt. Se hebben mi eben hulpen, dat ik noch de Tulpen in d' Grund kreeg. Un de Frau will uns ok wall de Fensters waschen un di anner Weke to Hand gahn, wenn ik weer na d' Arbeit mutt.« »Uns' neeje Nabers?« »Ja, de Brinks Huus köfft hebben!« »Dat is ja moi!« Hilde fallt een Steen van d' Hart. »Man, worum makst du denn kien Tee?« »Nee, dat sünd Hollanders. Ik meen, de mögen doch seker lever Koffje!« »Hebben de ok Kinner?« fragt Hilde. »Ja, sovööl as ik verstahn hebb, een Dochter. De hett in Dütschland al mal 'n swar' Mallör hat. Man nu is se verheirat'. Will mörgen mit hör lüttje Jung bi d' Ollen komen. Se freien sück dor al leep up...«

JOHANNES BERKHOUT

Ol Fründ

Dartig Johr is dat her, dor stunnen wi Navers hier dat eerste Mal in de Wallachai, keken so'n beten benauht um us, harrn Gummisteveln an de Fööt un in us Mauen Koroje, as man een Mannsbild in dat Oller hebben kann, wenn he wat op Siet to setten hett. Dat harn wi us domals ja alltohoop in't Kontri vornohmen. Geld harn wi nich op de hoge Kant leergen, aver tominst een Boogenähmigung in de Tasch. Een Straat gef dat hier noch nich, un de mit Schotter un Booschutt dröglägten Kleiwäge weern van de Boofohrtüüg toschannen föhrt. Usen Eegenandeel to de Finanzeerung van us Siedlungshüüs mussen wi dör Eegenarbeit inbringen.
Wi heft in de Hannen speet un togräpen, wenn't nödig de. Ick kunn binnen een Johr intrecken. Du weerst dor noch nich sowiet, Fietje. For mien Familje wurd dat aver drocke Tied, weeßt woll noch? Wi harn all seß Kinner un man een lüürlütje Unnerdackwohnung to Hüür. Keen Huusbesitter wull so'n grote Familje een Wohnung verhüürn. Vandag seggt sick dat aal so leechtfardig, Fietje. Aver du weeßt am besden, wat datt for eene Freußelee in un um't Huus weer, bit allns op Stää glatt un schier dorleeg. Bie'n Fundament un Kelleruthäben gungen wi us gägensietig to Hand un hulpen us ok bien opfülln van us fröher mal afteegeltet Grundstück, wat nu övern Meter hoch mit Eerd de nee'e Straat angläken weern muß. Mit gode Rotsläg heft wi us unner

de Arms gräpen. Erfohrung harn wi ja alltohop nich in Huusboo. Weeßt noch, as ick bi di keem un de väl to lütte Huusdör op Sicht kreeg? De Architekt harr sick versehn. Ick hör noch dien Schafutern mit em, as he dat togäven muß. »Just di man lävers dien Leergeld wedder gäven laten, du ole Sloot«, heeßt du snaut. Un nohst wull he de Teeknungsännerung ok nich betalt hebben, de Fent.
Aver ok bi mi leep dat nich glatt. De Dackdäker har mi de verkeerten Pannen lävert. Eerste Wohl har ick bestellt un twete Wohl weert denn. Najo, wi hebt us oplest in goden eenigt. Mi treckt vandag noch de kolen Gräsen denn Rorg henndaal, wenn ick an den Intreckdaag denk. De Handwarker harn domals fullop to don un kunnen de Termin nich inholn. Wi mussen aver ut us Wohnung rut, wiel de wedder verhüürt weer. An denn Daag weern de Installateur, de Elektriker un de Klempner noch drocke togangen, usen Neeboo bewohnbor to maken. Se petten sick meerst gägensietig op de Fööt un stunnen överall in'n Wäg. Butten Huus verlägte de Straatenmaker Betonplatten op usen Wäg na Huus to, un ick muß em twuschendör Sand ranbringen. In all denn Wuling keemen de Möbel. Du harst all Sorg, dor keem noch een bi to Schoden. Ick beduurde mien Froo Rieke. Jümmer, wenn se meende, se har in een Zimmer allns op schick, keem meerstieds noch een, de enerworns wat vergäten har antosluten. Lägte Hand an un achderleet sien dreckige Spoorn.
Erinnerst di noch an denn Daag, Fietje? Du harst in't Wäär käken un keemst kalkwitt wedder rin. Stommertest: »Joe lütje Max is in denn randfullen Soot fulln, ick

hef dat just plumsen hört!« As wi rutkeemen, stund de veerjohrige Holsder for Kull bävernt an't Över un schuddelte sick, as'n natten Pudel. Aanten kruut seet em in de Hoor. Begriepen kunn he woll nich, woso he bien Stickelstarken griepen dat Övergewicht krägen har. Najo, wi hebt dor keenen Schoden bi nohmen. Max kreeg heeten Tee mit'n Schuß Rum to'n opwarmen un wie nehmen us ok eenen op den Schreck.

As dat bi us in un um't Huus eenigermaaten op Stää weer, hebt wi seß Navers us Fröschoppengemeenschapt »Seßerrat« gründ. Wi meenden, bieenannerwäsen bringt Gemeenschapt, un so weert ok in aal de Johrn. Bi mi in de Stuuv keemen wi dat eerste Mal tohoop to'n Klönsnack un to'n Umdrunk an'n Sonndagvormiddag. Rehum gung dat denn. Al viddel Johr weer een van us an de Reeg, de bewirten muß. Junge wat weern wi domals krägel un hebt fix weck to Boost nohmen, ohn dat dat eenen dat umsmeet. Eemol in't Johr makten wi een Utfohrt mit us Froons. Hütt frog ick mi foken, wo sind blot aal de unnernähmungslustigen Stunnen bläven? All de pleiseerlichen Begäbenheiten, de dorbi vorkeemen? Henngohn sind se as de Wind, wenn he um't Huus fägt. Blifft blot noch Erinnern bien »Weeßt woll noch?« Man got, dat datt so is, Fietje. Ok de düstern Stunn', as se usen drejohrigen Jonni op de Straat dotföhrden, weern anners ja nich uttoholnwäsen. Ji Navers geven us domals Trost un Hulp. So stunnen wir mennig een Obend an Gardentun to klönn över dit of dat, wat dor so in us Kontri geböört weer un dat weer moi. Överlans keemt aber ok dick. Weeßt noch, as dien Paula morrns anreep un argerlich segg: »Dien unmunnige Pappel is hüüt

Nacht bien Storm umweiht un ligg bi us in Garden op de Gemüsebeete?« So gau bin ick woll noch nich in de Büx kohmen, Fietje, dat kannst glöven. Du harst mi ja 'n paar Daage vordem dor op stott: »In dien Pappel is de Holltbock van de Wuddel her in'n Stamm hochkrabbelt! Hau se um eh datt se van Storm an de Grund smäten ward un op mien Staaldack fallt!« Dor leeg se to mien Gluck nich. Se weer dor so även an langs rackt un har ok dien Gewächshuus nich drapen. Argerlich weert for us beide, Fietje! Liekers hesst di gau wedder berappelt un bien Schodenafhelpen mit Hand an lägt. Eenes Avends keemst du in dat Johr opgerächt bi us rin un sochdest joe twejohrige Henriette. Se weer forn Stünn utbüxt. Bi us harn wie se nich sehn, meenden wi. Us twe Jungsten, mit de se so geern tohop weer, seeten quietschend vor Vergnögen in't Water panschend in de Bodewann, dat hörden wi. Klor dat ick mitgung to söken. An't Över van'n Soot sind wi langs, hebt ropen un schreet. Henriette melde sick nich. Du weerst all rein dörnanner un dorum gungen wir eerst is in de Stuuv un drunken wat, dormit du ruhiger wurdst.
Miteens makten de beiden in't Bodezimmer een fürchterlicht Geschree, as wenn dor wunnerwat possert weer. De beiden harn wi ganz vergäten bi de Opprägung. Ick nicks wi henn. Dor kreeg ick dat Lachen. Henriette seet mit de beiden tohop in de Wann un weer nu drocke dorbi, mit eenen Tahnbäker dat Water in't Kloobecken to schutten. Dat gefullt use beiden nich. Dorum weern se an't meutern. Dat du se denn herneemst un een poor vor ern blanken Steert haudest, kunn ick verstohn. De lütje Springheister muß in den Oogenblick dör us

Waschkök un de Kök in't Badezimmer sust wäsen, as ick in de Kamer na Handdöker un reine Unnerwäsch keek. So is dat woll wäsen un wi hebt dor nohst noch foken över smusdergrient.
Aver ok unner Navers schient woll nich alltied de Sünn, Fietje. An eenen Morrn weer queer dörn Graven een hohet Breet lägt, wat datt Water bi di opstaude. Op mienen End weer blot noch modder un Aantenkruut to sehn. Wenn dat nich so'n drögen Sommer wäsen weer un us Zistern all lang leddig, har ick säker nicks seggt. So got fund ick datt Water ut'n Soot nich to'n geeten. Aver dat har weekenlang nich rägent un de Kleieerde weer van de Drögte räten un steenhart. Twuschen us geeft een Donnerwäär un denn neemst du dat Brett dor wedder wäg. So weer dat mit us Frünschap, Fietje. Keen van us dräg denn annern wat na.
Nohst heest du mi denn doch noch eenen topult, ol Fründ. Op de fidele Oort, versteiht sick. Du reepst: »Kumm is. Ick hef so recht wat to'n Lickmuulen for di.« Ick ok ja henn na di. Du haldes dat Gesöff ut'n Keller un seggst: »Probeer doch mal mienen Wien!« Dat leet ick mi nich tweemal seggen un drunk een Wienglas full ut. Smeckte as »Zucker op Titt«, kunn ick woll seggen. Dat heet, seggen kunn ick toeerst nicks, so gleunig brennde dat Gesöff in de Kähl. Du Swienspuckel harst Früchte mit hochperzentigen Rum ansett. Dien schodenfrohet Gesicht hett mir argert, jowoll. Rieke weer nohst suur, un mi haude dat um. Kinners, frag nich na Sünnschien. Weer ick söecht stellt, un dat noch denn annern Daag.
Weeßt du noch, Fietje? Ick leeg na eenen slimmen Hartinfarkt starbenskrank, dor stunds du morrns in dien

Müürkerklamotten an mien Bett un nohst vertelldest du in't Kontri: »De kummt dor lävend nich rut!« Harst ja recht, ol Fründ! Väl Läven weer dor nich mehr in, in mi. Aver denn wull de dor baven mien Kerß noch nich utpusten. De Docht keem van't Glimmen wedder to de Flamm. So kannt överlangs kohmen. Ofgliek ick de Ollste van us Navers bin, mussest du vor mi afträä'n na enerworns, wo wi Minschen nicks van weet.

Wo sind de dartig Johr bläven, de wi Grundstück an Grundstück bienanner tohop wohnt hebt. Ok du harst dor all graue Hoor bi krägen. Us Kinner sind grot un brukt us nich mehr. Dat heet, us Enkel sind geern bi Oma un Opa, un ok dien Kinner kohmt noch foken.

Nu sitt wi hier na diene Beerdigung to eene Koffestunn tosamen, all de Navers un Frünnen. Bi de Vertelleree bist du midden ünner us. Blot ick mak mi in disse Stunn mien eegen Gedanken. Seh di wedder dor sitten, as wi Sonndagmorrn tosamenweern van de Fröhschoppengemeenschapt. De Krankheit stunn di in't Gesicht schräven. Piep un Sluck smeckt di nich. Ok joe Hennri, de mollige Bastard van Hund hett woll wat ohnt. He gung di nich van de Pell. Grod nu, wo du dien Rentjejohrn so recht geneeten wullst, het de dor baven dienen Endpunkt sett, un us blifft blot noch dat Erinnern. So is dat op us verdreihte Welt. Wat geborn ward, mutt ok starben, wat wasst, vergeiht. Makt got, ol Jung. Wi Navers vergäät di nich!

RICHARD CARSTENSEN

Gifft ok böse Navers

Leeve Naverslüüd, dat is, wat de Minsch bruken un wat he sik wünschen deit in't Leven, so as Martin Luther dat seggt: Goode Frünnen un getruuge Navers, de höört to use daglig Brood to. Avers dat gifft – gottsleider – ok annerwelk, gifft ok leege Naverslüüd, un de so een hett, de sitt dor schiet mit an un mutt sik verdorri afwohrn. So as to'n Bispeel Vadder Evers.

Dirk weer man 'n eenfachen Mann, avers troschüllig un liekut. Nu weer he alleen, denn sien Fro weer em wegstorven. Mit sien Naver keem he kloor, man mihr ok nich. Dat wöör opeens heel anners, as de Ool 'n Arvschop maken de, do interesseer sik Peter Reimers – so heet de Naver – mitmal ganz bannig för em.

He harr 'n Barg Geld arft, ool Vadder Evers, do harr he gar nich mit rekent. »Nu hett uns leeve Gott dat so goot mit mi meent«, sä he bi sik, »dat he mi so 'n schönen Notpennig för mien Öller tokamen lett.« Dat weer noch dunntomaalen in oole Tieden, as dat Dukatens in Gold un Dalers in Sülver geef.

De Bank, dor harr he keen rechten Verlat-di-to mit in Sinn, un so meen he, dat Best weer wull, he schull dat Geld inkuhln. So güng he denn, as dat düster weer, in Goorn un schüffel den Büdel deep inne Eer. He weer dorbi nich wies worrn, dat Naver Reimers achter'n Tuun to gang keem un em tokieken dee.

Dat weer wölk Dag later, do kreeg Evers de Unroh to

packen, dat he de Stee mal kruntelleern müß, bloot mal even so to'n Nakieken, un – is doch wull nich to glöven – de Büdel weer nich dor! Von buten kunn een dat nich marken, denn allens weer fein akraat wedder trechtpackt, aver de Büdel weer verswunnen, reinweg futsch!

De arme Vadder Evers – is dat nu ut mit den Notpenning? 'keen hett em dat andohn? Bi't Överleggen kunn he sik wull vörstellen, dat weer sien Naver, de harr em utspioneert. Avers nawiesen kunn he em je nu nix. Schull he so ahn Bewies to Gericht gahn?

Do hett he sik wat heel Klooges utspekeleert: He güng an' Tuun un fung an mit 'n lütten Klönsnack. »Naver«, sä he denn, »du büst doch 'n klooken Keerl. Un 'n gooden Keerl. Nu ra mi mal recht. Du weeßt je, ik heff 'n Barg Geld arft, un dat halve heff ik all in mien Goorn versteken, dat keen een dat finnen kann. Aver wat mak ik nu mit den annern Halfdeel? Meenst, dat is goot, wenn ik dat ok dor inkuhln do?«

Ik mark Müüs, dacht de leege Naver, dat is wat för mi. »Mann, kloor«, sä he un klopp Evers op de Schuller, »heel kloor is dat! Wat för dat een Halfdeel passen deit, dat is doch ok goot för dat Heele!«

Na, dat weer twee Dag later, do güng Vadder Evers in sien Goorn – aver he wull dor nix inkuhln, denn he harr je gar nix mihr tohannen: He wull man bloot sien Büdel ut de Eer rutschüffeln, denn de Naver harr em jo wedder in dat Lock trüüchbrocht! Harr em trüüchbrocht, wiel dat he op dat Heele rut weer. So gieprig weer he, dat he Dirk Evers sien Fangiesen nich wies worrn weer.

Denn güng Vadder Evers wedder an 'n Tuun. »Naver«, reep he, »nix för ungoot. Mit dat Oogenlicht is dat man 'n beten schiet bi mi, man in Kopp, dor bün ik liekers noch ganz schön kloor!«
Un denn hett he sien Geld seker opbewahrt – op de Bank.

SIGRID COHRS

De best Naver

»So, nu föhrt he af!« Erna Müller stünn achtern Finster, harr de Gardien n' beten bisiet schaven un keek up de Straat. »Ewig schaad! So'n Naver kriegt wi sachs nich wedder«, säh se to ehr'n Mann, de sik dat mit sien Krüüzwuurdradel up Sofa bequem maakt harr. He keek denn uk blots kott hoch. »Nutzung gegen Entgelt. Fief Bookstaven.«

Erna schüttkopp argerlich. Keen vernünftig Wuurd kuun een mit den Mann snacken, wenn he över sien Radels seet.

»Kunnst mi rauhig maal tohören, wenn ik mit di snakken dau.« Paul Müller lee den Bleesticken ut de Hand.

»Wat du di jümmers mit den Naver hest. Twinnig Johr hett he hier wohnt un liekers hebt wi em kuum to Gesicht kregen. He weer doch jümmers up Tour mit sien Straatenbrummer. Dat kann di doch nu woll ganz egal sien, wenn he uttreckt.«

»Nee aver uk, Paul, wo kann een blots so dösig sien. Dat is dat doch graad. He weer nie dor. Een beteren Naver kriegt wi doch nie nich wedder.«

»Nu begriep een dien Logik. Du hest schön schimpt, as de ool Fro Kruus nülich nich tohuus weer un du di den Zuckerputt lehnen wöllst.«

»Paul, hörst du mi denn överhaupt nich tau? Ik heff di dat doch all hunnert maal verklohrt. Een Naver, de nie dor is, de maakt uk keen Larm. De ool Kruus, jo, wat de dor is oder nich. De mit ehr söventig Johren, de fiert keen luude Parties mehr. Se betahlt ehr Miet pünktlich un dor is uk sünst allens in de Reeg. Aver wat meenst du woll...«

»Miete!«

»Wat?«

»Nutzung gegen Entgelt, fief Bookstaven. Miete!« Paul lang sik wedder den Bleesticken.

»Paul!«

»Is jo all goot, ik hüür doch tau.«

»Wat meenst du woll«, füng Erna wedder an. »Wat meenst du woll, wat dor nu för Lüüd intrecken ward?«

»Woher schall ik dat weten, dor ward sik de Egendömer all Gedanken üm maken. Wat schall ik mi dormit afquälen.«

»Un wenn dor nu to'n Bispell Türken intreckt? De hebbt doch dat Messer glieks bi de Hand. Un meenst du, dat so'n Lüüd de Trepp wischen dood?«

»Ach wat, Türken!« säh Paul. »Ik heff nix gegen Türken. De Ali to'n Bispell, wenn de in uns Footballmannschaft...«

»Ik weet«, snee Erna em dat Wuurd af. »Denn wöörn jü jeed Speel gewinnen.«

»Wöörn wi uk«, säh Paul beleidigt.

»Is jo all goot. Vun Football verstah ik nix«, versöch Erna em to begöschen. »Kann doch uk sien, dat nevenan een Familie mit lütte Kinner intreckt, de den ganzen Dag blots rümblarrt un Larm maakt. Dor kriegt wi denn överhaupt keen Rauh mehr.«

»So groot is de Wohnung doch gor nich, dat dor...«

»Oder so'n Lüüd, de mit Ruuschgift hannelt«, föll Erna em wedder in't Wuurd. »Dor is een doch hüüttodaags narms vör seker.«
»Ruuschgift!« Paul sett sik up un lee de Zeitung up'n Disch.
»Meenst wüürklich?«
»Jo, meen ik«, säh Erna. »Un dorüm must du wat doon. Du must an den Huuswirt schrieven. Dat so'n Lüüd hier nich henpaßt, dat wi anstännige Navers wöllt.«
»Ik weet nich, Erna. Meenst wüürklich?« Paul harr nu doch lever wieder an sien Krüüzwuurdradel tüftelt. Dor geev dat een Video to gewinnen. Weer doch wat Schööns, so'n Video. Wat scheern em de Navers.
»Nee, würklich Erna, dat geiht villicht doch n' beten to wiet. Un överhaupt, wat för Navers wullt du eegentlich hebben?«
Dor wüß Erna nu up'n Stutz uk keen Antwuurd up. Se överlegg hen un her, bit Paul denn to'n Sluß meen, dat best weer villicht een Wittfro. »Een, de keen Kinner hett un uk sünst keen Anhang.«
Erna keek ehr'n Paul scharp an. »Een öllerhaftige Wittfro, so as de ool Kruus, jo, dat güng.«
»Hm«, mook Paul. »So as de ool Kruus, hm, nu jo.«
»Jo«, säh Erna. »Jo, dat weer nich slecht. Aver dat will ik di seggen, Paul, de best Naver, de best Naver ist keen Naver.«
»Ik weet nich recht«, säh Paul. »Meenst wüürklich... villicht mössen wi blots... – Het dat even klingelt?«
»Tööv, ik kiek maal nah.« Erna güng na de Huusdöör,

un dat duur nich lang un se keem mit een Breef in de Hand wedder na Stuuv rin.
»Een inschreeven Breef vun uns Huuswirt, wat mag de wollen?« Se reet den Breef up un wüür bi'n Lesen bleek in't Gesicht. »Ik verstah dat nich... Dat kann doch nich angahn!... Paul!«
Paul stünn up un neem ehr den Breef ut de Hannen.
»... teilen wir Ihnen hiermit mit, daß wir im Zuge der Umwandlung der Wohnungen in Eigentumswohnungen...« He leeg den Breef daal. »Wi schöllt uttrecken oder de Wohnung köpen!«
»Köpen!« reep Erna. »Wovun schöllt wi de Wohnung köpen!«
»Dat weet ik nich, villicht mööt wi uttrecken. Aver eens weet ik, Erna, de Huuswirt, de hett een ganz ähnliche Philosophie as du.«
»Wat meenst du, Paul?«
»He denkt sik uk, de best Mieter is keen Mieter.«

URSULA VON COLLANI

Dütsch-Dütsche Naverschaft

1989! Wat'n Johr, wat'n eenmali wunnerscheunet Johr! Nüms ward dat vergeeten, un wi hier direktemang an de Grenz, de jo mitten dörch den Harz löppt, wi all gornich. Mi loopt je glieks innen Oogenblick de hellen Tranen hendal, wenn ick an dat groote Weddersehn mit uns Landslüd vun dröben denken do.
Man dat harr sine Utwirkungen bet in unse Naverschaft. Un dat keem so: in uns Mehr-Familjen-Hus weer wegen Dodesfall een Wahnung to verköpen. Dat sünd nämli allens Eegendoms-Wahnungen in uns Landhus, wo de beederen Lüd wahnt, as uns Breefdräger seggt, wat jümmers dat heeten schall. Ick glöw, he meent Lüd, de dat Öller tofaten hebbt un dormit dat Portmonnee. Wi harrn awer ok betto uns Roh, un so kreegen wi bi lütten dat Beewern, wokeen de Köper vun de lerrige Wahnung wörr. Bet wi wies weern, dat 'ne öllere Fru sick bi uns inköfft hett. Klor, dat uns dat topaß keem! De Freeden int Hus weer sichert.
As de Ümtog vunstatten güng, is uns dat all in de Been schaten! Wat dor intrecken de, dat weer keen ole Fru, dat weer 'n jung Poor; se slank un smuck, he 'n grooten staatschen Keerl. Kinners, Kinners, wat schull dat gewen – so junge Lüd mang uns Olen? Jüst de Generatschon, de düsse gräsige Döschmaschinen-Musik vun morgens bet abends afdudelt!
Man dat keem ganz anners. As de Beeden sick inricht

harrn – un dat güng gau bi de paar Saaken! – , löpen se vun Dör to Dör, üm sick vörtostellen. Ick hew jem glieks rin- und dalnödigt un kreeg nu allerlei to hörn. Dat de Beeden ut de DDR kamen sünd, legol, versteiht sick. De Grenz weer jo noch to. Dat se de ganze Week öwer in Hamborg is, wieldat se dor Filme synchroniseert (süh so!) un dat he irgendwat Technischet makt. De Wahnung hett jem ehr ole Tante öwerlaten. Aha, nu weet wi't! Man mutt seggen: dat Poor makt keenen verkehrten Indruck.

Kott un good: uns Roh hebbt wi beholn. De Beeden sünd uns twischentieds leewe Nawers worrn, de wi üm keenen Pries missen wüllt. Jümmers vergnögt un good upleggt! Besünners de junge Fru hett frischen Wind in uns Senjoren-Hus bröcht. Dröppt man ehr up de Trepp, vertellt se ok mol vun Hamborg un vun ehr Arbeit, de ehr Freid makt, un dat se afsluuts nich in so ne groode Stadt lewen much. Hier innen Harz – dat weer doch wat anners, düsse reine Luft un so veel Grön! Mit ehrn Golf weer se jo gau hen un trüch… Bloots vun de DDR snackt se keen beten, un uns een fragt ok nich.

Denn keem de Tied, wo se dat jümmers ielig harr, uns ut'n Wech to gahn. He nich anners! Ehr süß so blanke Oogen weern verweent. Mit antokieken weer dat nich, un so frög ick ehr knuttverdraht, wat se wull up'n Harten harr, ick kunn jo nu ehr Moder wesen, un beeten Tovertruen mang Nawers mutt dat gewen. Glieks weent dat ut ehr rut. Ehr Dochter is dröben bi de Grootmoder bleewen, harr awer de feste Tosag, legol uttoreisen. Nu weer de Termin verstreeken, un de Dochter jümmers noch nich hier.

Wat weer to dohn? All den annern Dag seeg ick ehr ut'n Golf stiegen: De Grootmoder, de Dochter un de glücklichen Öllern. Man vergnögt seeg de Dochter – lat se an de sößtein / söbentein Johr sin! – nu würkli nich ut. As na'n Week de Grootmoder afreisen de, kunn ehr Enkeldochter de Tranen nich trüchholn. Ok dat se ehrn Köter mitbröcht harr un hier beholn kunn, änner gornix. All ehr Frünn weern inne DDR, de Lüd hier so anners... Un se hett sick un hett sick. Wi all hebbt beede Oogen tokneepen, wenn ehr Köter up unsen inglischen Rasen scheeten hett. Much woll sin, dat de Köters inne DDR dor an wöhnt sünd. Furts hebbt wi unsen Gärtner besiwelt, he schull keen Randale maken, wenn em bi't Rasenmeihn de Schiet ümt Muul flüggt. Man bloots de lütt Deern tofreeden laten! Inkleed harrn ehr de Öllern as'n Prinzessin. Se seeg all as'n richtigen »Bundi« ut. Eendohn – se bleew untofreeden, witt int Gesicht, keen Tran', keen Mien!
Denn weer't so wiet – de groote Dag weer kamen, de neegente November, de allens verännern schull! De Naverschaft to uns Bröder un Süsters »dröben« un de Nawerschaft in uns lütt Hus. De Grenz is apen... So lang as wi lewt, ward wi düssen Dag nich vergeeten!
As ick ut de Husdör rutkeem, dor seeg ick jem up unsen Parkplatz: veer Trabis mang uns Mercedes un BMWs. Blangen bi uns lütt Deern mit ehr Frünn ut de DDR, 'n ganzen Huupen von jung Lüd! Dammi, wat so allens innen Trabi ringeiht! Un is dat noch uns lütt Deern? De Oogen blank, de Backen rod as'n Appelsnuut un bannig in Fohrt?! Een Hopphei, een Gejuche! Kunnst di bloots wunnerwarken...

Un so is dat bleewen – bet up den hütigen Dag. Mit uns Roh is dat nich wiet her. Dat geiht nu »geil« un »irre« to in uns Hus, as de Deern dat nennt. För mi is dat 'n Duwenslag. Man wi olen Lüd blöht ordentli up. Dat heet nu ok nich mehr BRD un DDR, dat heet Dütschland-Ost un Dütschland-West. Un uns Luft, uns reine Harzluft, de stinkt nich na Trabis, nee, Lüd, de rüükt na Friheit!

BERTHOLD CORDES

Leev geiht eigen Weeg

»Du, dat blifft doch dorbie, dat mien Krischan dien Kathrin heirot?« – Langsom wöör mi diesse Frogerei schenierlich, aber seit twintig Johr let uns Naver Willem keen Ogenblick ut, me an dat to erinnern, wat we vör lange Tied afmakt hebbt. Domols wöör jüst mien Kathrin döft un de Kinndööp harrn Willem un ik ton Anlaß nohmen, eenen Litten ut de Steenhägerbuddel to nehmen. Dat mögt viellicht uk een poor mehr wen hebben, denn in'n halfwegs duunen Kopp hebbt we unsre Kinner tosammsnackt.

Anfangs löp all'ns sien rechten Weg. Krischan, man jüst een half Johr öller as Kathrin, köm meist no uns ton speelen, eerst inne Sandkist un noher mit Kathrin op de Schaukel. Männigmal hebb ik em dorbie luthals singen hört: »Flieg mit mir zu den Sternen!«

As se no de School kömen, harr Kathrin den Schoolmester frogt: »Darf ich blangen Krischan sitzen?« Man de Schoolmester harr dor woll nix gegen un so kunnen beide wieder fründschaftlich tosammenblieven.

Jeden Morrn güngen se nu tohoop na School, meist jümmer Hand in Hand. As se aber in de drütte Schoolklass kömen, wöör mit eenmal all'ns ut. Krischan hööl sik gänzlich von Kathrin trüch; denn em groo, dat de annern Jungs em tarrn kunnen, von wegen Kathrin wöör goor sien Brut, un dat wöör em denn doch to schenierlich wän.

Mine Froo harr dat woll all lang markt, dat twüschen Kathrin un Krischan wat nich in Ordnung wöör. Se harr uk all mit uns Naversfroo daröber snackt, un letztends wörrn beide sik einig: »Dat wart sik woll wedder trechlopen!«
As Kathrin un Krischan denn no Kinnerlehr kömen, kreeg de bitlang helle Sünn in Kathrins Leven ganz un goor einen düstern Schatten. Tiemanns Helga harr woll uk een Og op Krischan smeten, un so kunn dat nich utblieven, dat so männigmal Tranen in Kathrins Ogen to seen wöörn. Eenmal harr Helga Krischan woll mit de Ogen toplinkert, un as de Konformandenünnerricht to end wöör, leet Krischan Kathrin blangenan stahn, snack bloß noch mit Helga un bröcht ehr sogar bit no de Strotenkrüzung, von wo af dat no't Naversdörp güng, wo Helga to Huus wöör.
Dit Belevnis güng Kathrin lang na, sünnerlich's abends, wenn se op't Bett leeg. Se wöör ganz vertwievelt un meen, dat ehr jawoll all'ns verdwier güng.
Aber bald gev sik dat wöör un de Welt wöör wedder in Ordnung. Bi dat Theoterspeel von de Landjugend speeln Kathrin und Krischan denn uk wedder een Ehepoor, so recht ut'n Leven grepen. Sogar een Sööten mussen se sik geven, mitten op de Snut.
Beide wöörn nu faken tosamm un in't Dörp wöör veel över de beiden snackt, un allerwegens wöör klor: Krischan un Kathrin wöörn Leevslüüd von lütt op an.
Mienen Naver Willem un mi kunn dat woll högen. Schull nu doch all'ns so warrn, as we uns dat dacht harrn? Doch Leew geiht eigen Weeg; dat muß ik nu doch ganz gau inseehn.

Krischan wöör intwüschen een stattlichen Jungkerl worn un muß sien Tied in de Bundeswehr ableisten. Uk Kathrin harr sik to een plietsche Deern rutmuust un jüs ehr Leehr inne Stadt as Friseuse avsloten.

Un denn köm de Dag, vör denn mi jümmer groot harr.

»Vadder, ik mut mol mit die un Mudder snacken!«, sä mien Dochter to me. Ik wöör op all'ns gefoot, wat nu woll kommen dä. Un denn füng se an, tögerig, as wenn se na Wöer söken müß, wo se uns dat verklaren künn: »Vadder, Mudder, ik bün ganz glücklich un will me next Moond verloben. He heet Uwe un ik hebb em vör een half Johr inne Stadt kennenleehrt.«

Dar wüß ik denn nu ja ganz glupsch bescheid. Ik sprüng hoch, um denn glieks wedder op'n Stohl trüchtosacken. Dat harr nich kommen dröft. Aber wat schull nu weern un wie schull ik Willem dissen Sinnewannel klormaken?

»Dat blifft doch dorbie?«, disse Wöer dröhnten me denn ganzen Dag dör mien Kopp, sünners, dar sik Willem un sien Froo ton Abend bi uns ton Besök anmelt harrn.

Un nu wöör dat sowiet! Willem und sien Grete stünnen för de Dör. Ik hol jüm rin, ganz wunnerlich toweeg.

»Du, dat blifft doch dorbie, dat we leeve Naverslüüd blieft, uk wenn ut de Hochtied von uns Kinner nix ward?« Op disse Frog von Willem wüß ik nu goor nix mehr to antern. Woher wüß he denn all bescheid?

»Ja«, vertell he wieder, »uns Krischan het uns vertellt, dat he sik mit Tiemanns Helga verheiroten will, un dat wull he sik von nüms mehr utsnacken laten.«

Me polter een Steen von Harten. Ik hol de Buddel ut den Schrank un sä: »Ja, dat blifft dorbie! Un dor kann uk een Steenhäger op stahn, denn mit so een Schluck is all'ns mol anfungen!« Un dorbie töög een Smustern över min eernsthaftig Gesicht, dat we all luthals lachen mussen.

CORD DENKER

Dat Wunner vun Neddernwisch

Neddernwisch, uns lütte Siedlung, dor wohnt sick dat good. Gode Nahwerschaft, feine Lüüd! Dat kunnst du ümmer wedder ut Petenbusch sien' Mund höör'n. Düttmool Sylvester weer dat een ganz beten anners. Dree Doog vör Sylvester weer sien Katt wegbleben; dat drück em op de Seel. Man dor kunnen doch sien Nahwers nich ünner lieden, he wull jem ok dütt Johr wedder besöken, ok wenn he nich so in Stimmung weer. Sünnerlich de ole Fru Zickenbrook, de tööw doch al op em, so as jedeen Johr. Sien Fründlichkeit un sien Tospruch: dat bruukt so'n ool Minsch!

Petenbusch weet al ganz genau, wat Fru Zickenbrook seggen ward, wenn he mit sien lütte Opmerksamkeit dor bi ehr vör de Döör steiht: Och, Herr Petenbusch, dat harr doch nich nödig doon! – Un Petenbusch seggt denn: Tja, Fru Zickenbrook, de gode Nahwerschaft is mi dat nu mol weert! Un denn langt he ehr den Blomenputt mit dat Alpenveilchen hen. Un se seegt denn: Dat schall mi mol verlangen, wat dor wol in is! Ofschoonst se dat al föhlen kann; un se hett doch sied föfftein Johrn jedeen' Sylvester een Alpenveilchen vun Petenbusch kregen.

Un denn ward Petenbusch rinnödigt un denn mutt he sick op'n Stohl setten. Un denn treckt se eerst mol ganz breed över Dittmann her. Den siene Dannenbööm sniedt ehr de ganze Sünn af un vun siene Botterbloom'n

dor weiht de ganze Saat to ehr röber. Am leevsten wull se em mol so'n Pulver in'n Goorn strein, dat all'ns geel und brun ward... Un een Giezknuppen is di dat: Se hett noch nie wat vun em kregen.
Un nu steiht Petenbusch würklich bi Fru Zickenbrook vör de Döör, un dat lööpt op eenmol ganz anners af. Na, wüllt se mi al wedder een Alpenveilchen bringen? froogt Fru Zickenbrook spitz. – He stahmert wat vun Dankborkeit un gode Nahwerschaft. – Knapp dat se em den Blomenputt afnehmt, man denn will se jo wol de Döör al wedder dichtmoken. – Awers Fru Zickenbrook, wi hebbt doch fröher ümmer noch'n Ogenblick tosomenseten un schnackt. – Na, denn koomt se man rin; man ick heff nich veel Tied, ick mutt noch mien Braden to Füü'r bringen; heff ick nämlich vun Dittmann as Geschenk kregen...
Süh, so weiht de Wind! Nu wüß Petenbusch Bescheed. He müß denn ok eerst mol in den Köök rin un sick den Braden ankieken; fein spickt un lecker leeg de dor op den Kökendisch. – Tja dat is wat Reelles! sä de ole Fru un wull ehrn Gast denn noh de Stuuw nödigen. – Awers Petenbusch stier op den Braden und froog denn op eenmol: Wat is denn dat nu? Kopp un Steert vun dat Deert weer'n afsneden, de Poten weer'n ok nich mehr dor... Wat is dat denn nu för'n Deert? froog he nochmol. – Kaninken is dat! dat sütt doch'n Blinden, anter de ole Fru. Jo, un wenn een blind is, den glööwt he dat jo villicht ok noch. Hebbt se Kopp un Steert afsneden, oder hebbt se de Poten noch? – Nee, dat weer all'ns af. Hett Dittmann so köfft; ick bruuk dat bloots noch to spicken. Awers wat fummelt se denn dor an rüm, Herr

Petenbusch? – Ick söök noh Hoor, aha hier is een: swatt! – Denn weer dat jo wol een Swattloh-Kaninken. – Nee, Fru Zickenbrook, wat se hier op den Töller hebbt, dat is keen Swattloh un keen Widder un ok keen Mischmasch, dat is... oh, düsse Dittmann, wenn ick den tofoten krigg! – Nu seggt se mi awers nix gegen Dittmann, so'n schöön'n Braden hebbt se mi noch nich bröcht, se nich, sä de ole Fru giftig.
Ganz ruhig! sä Petenbusch, seht se sick dat Deert doch mol an, fallt se dor nix an op? Hier bi de Achterbeen? Nee? Un wenn ick se nu seggen do, dat uns Katt sied dree Doog weg is...
Dat weer toveel för Fru Zickenbrook. De Been sacken ehr ünner dat klapprige Lief weg. Petenbusch müß ehr op dat Chaiselong in de Stuuw drägen un den Dokter ropen...
Wieldes pendel Petenbusch ümmer wedder twischen Stuuw und Kössk, üm de Anatomie vun den Braden to studeer'n. He weer ganz seker: Dittmann, düsse Swiensjack, harr sienen Hund op Petenbusch siene Katt joogt: Pack Ajax, biet ehr dat Genick dör! Un as he dat seggt harr, dor slöög Ajax sick al dat schlaffe Lief vun de Katt, wat bloots noch so'n beten zucken dä, üm de Ohr'n. Un denn harr Dittmann awers doch'n Schreck kregen: Gau achteran, de Blooddruppen in den Schnee doolpetten, frisch'n Schnee öberweg, de Katt ünner de Jack un denn weg dormit... Un den kääm em düsse verdüwelte Idee mit den Braden. Un de Zickenbrook is jo sowat vun troschüllig...
Nehmt se dat Deert mit un mookt se dormit wat se wüllt! sä de ole Fru, as se wedder bi Besinnen weer. Un

den stunn Petenbusch mit den leckeren Spickbraden in de Winterluft un güng de 13 Stapp noh Huus.
Mit den Escher kunn Petenbusch dat lütte Graff nich utheben. Wegen den Frost kääm he nich in de Eer. He hool sick een Pickel un dunner op den Grund los. De Nahwers, de vörbigüngen, frögen em noh den Grund vun sien Wuracken. He kääm in de Hööchd un reep jem to, dat he noh all de Fierdoog bloots mol'n beten Bewegen hebben wull. Un denn dreih he sick mit'n Ruck wedder siene Arbeit to. Un mit düssen Ruck suus em de Hexenschuß in't Krüüz, un he müß dat opgewen, den Braden ünner de Eer to bringen.
Tja, dat Krüüz, sien ool Lieden. He hangel sick eerstmol noh den Sessel in de Stuuw. Sweet stunn em op dat Gesicht. Wat schull he mit den Braden moken? Dor höör he, dat de Huusdöör opgüng. Sien Fru kääm noh Huus, stunn al in de Stuuw, seeg den Braden un kreeg een Lüchtern in de Ogen: Kaninkenbraden! Wolang heff ick mi dat nich al wünscht. Woso kümmst du denn dorbi?
Bi soveel Freid, dach Petenbusch eben noch, dor kann man doch nich... Un denn höör he sick seggen: Jo, achso, jo, den Braden hett Manfred eben bröcht. He harr sick een köfft un hett denn noch een bi'n Skat wunnen. Tja, wat'n goden Nahwer is...
So kääm Familie Petenbusch to een Sylvester-Eten, so as sick dat höört: kross un lecker un duftig un möör. So as fröher bi uns to Huus, sä sien Fru... Bloots dat he nich so recht ran wull, kunn se nich verstohn: naja, is jo wol wegen den olen Hexenschuß, dat he nich so tolangt.

Petenbusch kunn bloots ganz stökerig gohn, man as dat mit de Balleree üm Middernacht losgüng, dor öbertüüg he sick mol eben, wat Dittmann mit sien ganzen Anhang ok würklich vörn in den Goorn weer, üm Raketen aftobrennen. Un denn slieker he sick achtern rut un spreng mit een'n Ballerslag Dittmann sien grootkotzigen Breefkasten ut Alu-Guß uteenanner: So dat hett he nu dorvun, dat he sien Köter op de Katt hisst harr!
To dumm – Petenbusch harr dat gor nich mitkregen... Düsse jungen Lüüd, de hier sied'n poor Weken wohnt, de harrn em dorbi sehn. De knallt nich un wör'n ok nich an't Supen und Toproosten. Se güngen bloots still dör de Stroten un keken to. De paßt hier öberhaupt nich in de Siedlung: kööont keen Spooß verstohn. De hebbt doch warraftig bi Dittmann meldt, dat dor een, de so'n beten wat stökerig güng... Also wenn dat nu eerst losgeiht hier bi uns in de Siedlung mit Denunzier'n, denn is dat mit de gode Nahwerschaft bald ganz vörbi!
Op den Niejohrsmorgen sitt dor een swatte Katt bi Petenbusch vör de Terrassendöör un will rin. Nee, nee, seggt Petenbusch, de sien Brill noch nich ophett: du höörst hier nich her: wi hebbt keen Katt mehr... Dor hööört he al de Stimm vun sien Fru: Peterle, wo büst du denn solang west? Och, mien söte Katt, kumm rin! Un Peterle geiht de twee üm de Been un schnurrt un singt un miaut. As de Fru tofällig noh ehrn Mann röberkiekt, verjoogt se sick: Mann, wat is di, du büst jo ganz witt in't Gesicht. Dat ward doch wol nich leger mit di? Dittmann versteiht de Welt nich mehr: Ick dach, Peterle harrn wi... ick meen, wi harrn em doch al afschreben... Dat kümmt so öberraschend för mi!

’n poor Doog loter fang Fru Zickenbrook em vör de Döör af: Dat harr ick nich dacht, seggt se, dat se dat tostann’ bröchen, den Braden wedder lebennig to moken! – Tja, Fru Zickenbrook, dat gifft Soken twischen Heben un Eer... dat gifft *doch* noch Wunner! Awers hebbt se al höört, dat Dittmann gerichtlich gegen mi vörgohn will. Kööont se sick soveel Schlechtigkeit vörstell’n? Un dorbi kunn dat doch so schööon sien in uns lütte Siedlung, nich? Na, Adjüüs denn Fru Zickenbrook, ick heff dat hütt een beten hild.

KAROLINE GÖTZFRIED

Nobers in't Hochhuus

Lange Tied lev ik nu all in een Hochhuus. Door is alle Doog wat los mit de Noberslüüd. Langewiel kummt nich up. Ik griep mol son poor Beleevnisse rut:
Ton Bispill droop ik so hen un wedder in uns Fohrstohl ne junge Fro mit 'n grooten Korf full Beerbuddels. Beer schient ehr Lebenselixier to sien.
Letzte Woch vertell se mi, dat se sik ne elektronische Heimorgel toleggt hett. Nu mutt se jo ok öben. Ik glöv, dat se sik dorför mit Beer eers mol in Stimmung bringt un denn vergitt, ob dat nu Dag oder Nacht is. Kortens füng se nachtens Klock veer an, Hänschen klein to speeln. De Orgellarm dröhn dörch dat ganze Huus, un von alle Sieden kloppen de fünschen Noberslüüd anne Wand un up 'n Footböhn. Slopen kunns nich mehr. Ik heff nich mitkloppt un veelmehr öber Hänschen nodacht, de nu in düsse Düsternis so modderseelenalleen in de wiede Welt rinmarschiern dä. –
Un denn wohnt in een Eck noch son breedschullerigen, roodhoorigen Nober. Sien beiden Arms, sien Bost un sogor een Gesichtsback sünd tätowiert. He hett von de Noberschapp den Spitznomen »Tarzan« kregen. He levt von Sozialhilfe. Tarzan hett sik vörrige Woch 'n grooten swatten Scheeperhund köfft. He hett mi anvertruut, dat he dusend Mark in bor betohlen müss. De Hundsnom is Max. Levt de nu ok von Sozialhilfe? Max brukt nich de Treppen up- un dooltolopen. Nee, he

föhrt mit »Herrchen« in uns engen Fohrstohl. Wenn ik nu ok grood dormank stoh, heff ik jümmers 'n teemlichen Bammel, wenn Max an mi rümsnüffelt, ober Tarzan versekert mi, dat sien Hund keeneen wat deit. De letzten Doog drücht Max nu männigmool 'n Muulkorf un denn ok wedder nich. Tarzan hett mi verkloort, dat Max mitünner lütte Hunnen anfallt... Ik kenn jo nich den Intelligenzquotienten von düssen Köter. Wenn he nu nich markt, dat ik 'n Minsch bün, mi för 'n Stammesgenossen höllt un mi bitt. O nee, o nee – nich uttodenken.
Up de tweete Etoosch wohnt ne Nobersche, de son lütten Hund hett, de »Püppchen« heet. Dat is ne sonnerbore Promenodenmischung. Dat langhoorige bruun-griese Püppchen is teemlich lang, hett ober köttere Been as 'n Dackel, so dat de lütte Popp up de Eer langschlurft. Wenn se den grooten Scheeperhund dröppt, fang se bannig an to kläffen, un ehr Oogen blitzt dörch de Mähn. Dat »Frauchen« hett mi kloormokt, dat Püppchen doormit Erstlingsrecht in uns Huus verteidigt. Ik perseunlich meen, dat Püppchen man nich to kiebig warrn sall; denn sünst verleert Max am Enn sien Geduld, mookt enes Doogs 'n kotten Prozeß un fritt ehr mit Huut un Hoor as Twüschenmohltiet up, un denn is he de Superstar in uns Hochhuus. Kanns allns nich weten!
Siet een poor Weeken hör ik inne Nacht in de Wohnung över mi jümmers son verdreihtes Rasseln, dat ik nich to düden weet. Dor huscht wat den Footböhn lang, un denn wedder klötert dat ganz liesen. Sünd dor Müüs? Kann ik mi egentlich in en Hochhuus nich vörstelln.

Gistern bün ik slauer worrn. Dat Radel is löst. Dor is ne Fro introcken, nich mit ehrn Herrn Gemahl, nich mit ehrn Fründ, nich mit ehr Göörn, nee, mit twee Katten. – Man seggt jo, dat Katten ok in Düstern kieken köönt. Wenn de beiden nu nachtens Langewiel hebbt, flitzt se achter ne lütte Holtkugel her. Dat sünd bestimmt franzeusische Muschis, de »boule« speelt, dat Kugelspeel in jüm ehr Heimotland.

Un nu dat letzte Beleevnis: Up mien Etoosch gifft dat noch son ooles Ehepoor. He, sien Fro nennt em »Fiete«, is all 'n poor Johr Rentner. Nülich hebbt de beiden bannig anne Wand von jüm ehr Stuuv kloppt, wiel de Nobers, son Jungkeerl un sien Fründin, de Flimmerkist veel to luud instellt harrn. Dor sik bi dat junge Poor nix rippen un röhrn dä, hett denn ok Fiete sien Kist mit fulle Kraff loopen loten, as dat dor heet: »Wie du mir, so ich dir!«

Nu harrn de jungen Lüüd 'n verdammt plietschen Infall un hebbt sik dorbi bestimmt een' inne Fuust lacht. Se reepen bi de Polizei an un stellen ehr egen Flimmerkist aff.

No ne kotte Tied bimmel dat denn bi Fiete un Fro anne Döör, un de beiden weern baff, as se nu von son Udel Utschellers »wegen ruhestörenden Lärms« insteken müssen.

Dat is mien kotte Geschicht över de leeven Noberslüüd.

LISELOTTE GREIFE

Dor föhrt keen Tog mehr hen…

Se harr 'n lütt Komer bi ehrn Söhn un sien Froo, un se weer uns Naversch. Over dat wüß ik noch gornich, as ik ehr to'n eersten Mol bemött. Wi weern noch nich lang in de lütte Stadt.

Dat weer een Summerdag, un de Sünn meen dat al üm de fröhe Vörmiddaagstiet heel goot. De ole Froo harr liekers een Mantel an, de för winterdaags mookt weer. In ehr Gesicht stünnen Sweetdruppens, un dat griese Hoor weer över de Steern natt van Sweet. De Froo harr jo ok noch dree Taschen to slepen, een in jeder Hand, un een noch över de Schuller hangen. Un de Taschen weern vullpackt as dat man güng. De Last trock de Froo van een Siet no de anner Siet – over ehr Schreed weern liekers fast un stüttig, so as bi een, de wäss, wo't hengeiht, un dor ok nich van aftobringen is. Se keek liekut, nich no rechts un nich no links. Dor weer ok keen, de ehr goten Dag sä. Dat lett, as weer se alleen op ehrn Padd, sehg keen, un worr ok nich sehn. Ik harr ehr gern holpen. Dor weer over jichtenswat, dat mi afholen dä, ehr antospreken. Ik güng an ehr vörbi – un denn weller trüch, fröög ehr opletzt doch, wat ik ehr nich hölpen kunn.

Se bleev bestohn, een Ogenblick bloots. Un ehr Gesicht, dat so röögl os ween weer, so, as kunn se an nix mehr Andeel hebben, wat üm se weer, veränner sik mit een'n Ogenslag. Se drück ehr Taschen fast an sik un

keek mi an, mit so veel Angst un Afwiesen, dat ik mi verfehr, un nich wüß, wat ik doon schull. »Ik heff hölpen wullt«, stammer ik amenn – un leet ehr alleen. Ik föhl jo, dor weer kuum Hölp to. Un mi weer liekers to Moot, as harr ik een Minschen in sien Noot verloten.
»Ehr kann nüms mehr hölpen«, sä een Froo, de dat Begeefnis biweegs mitkregen harr. Un denn vertell se mi een Geschicht – so trurig as veel Geschichten, de de Krieg schreven hett.
De ole Froo harr ehr Tohuus verloorn, un all ehr Haav un Goot. Mit dree Taschen vull Tüüg harr se flüchten müß. Un nu wull se trüch no ehr Heimaat un no ehr grote Dochter. Se harr keen Levensteken mehr kregen van ehr.
Teihn Johr güng dat nu so, dat de ole Froo elkeen Dag dat, wat ehr bleven weer, no'n Bohnhoff slepen dä. Elkeen Dag fröög se no'n Tog, de ehr trüchbringen schull. Elkeen Dag kreeg se de sülvige Antwoort, kreeg to höörn, dat dorhen keen Tog mehr föhr, dat se nich trüchkunn. Over dat kunn se nich faten, kunn se nich mehr begriepen.
Af un an stünn se ok mol op'n Bohnstieg, wenn een Tog ankeem. Denn keek se all de Lüüd an, de utstegen, un all de Lüüd, de binnen an de Finstern stünnen.
Eenmol heff ik ehr dor sehn, heff dat Höpen sehn in ehr Gesicht, dat Frogen, dat Bangen. Un denn, as de Tog weller afföhr, dat Tohoopsacken in sik sülm, in een Leven, dat sik dor afspeel, nem keen anner Minsch Togang hett.
Se güng weller trüch no de Bank lieköver van'n Bohnstieg. – Wat weer se oolt un mööd.

Minschen güngen an ehr vörbi, Ogen keken no ehr hen – vull Mitleed or minnachtig.
De Bohnbeamten güngen sinnig mit ehr üm.
Ik heff ehr noch foken sehn – bi Hitt un Küll, bi Regen un Störm.
Een' Dag hett se denn ehr Taschen ut de Hannen doon müß un hett ok ehr Rauh funnen – dor, nem wi eenmol all to Rauh kaamt. Ehr Söhn hett Blööm plant op ehr Graff – Blööm, de se ok tohuus in ehrn Goorn hatt harr.

HANS-GEORG GROTE

De niee Naver

Dat weer kort vör Meddag. Ik harr mi 'n beten in'e Tiet verbiestert. Ielig pedd' ik in'n Fohrstohl von uns Huus un wull gau na baven. Just as ik den Knoop von'n Fohrstohl drückt harr, reet dor 'n staatschen Keerl in manierliche Kledaasch de Döör wedder op. He weer ganz kortluftig. Wull woll ok to'n Meddageeten, dach' ik. As de Fohrstohl in'e gange keem, nehm jedereen ierstmol 'n Oog vull von annern. Rein tofällig, versteiht sik. Man lang duer di Fohrt nich. Mit eens bleev de Fohrstohl stohn. He rippt un röhrt sik nich. Grotoogig keek mi mien Mitfohrer an un see: »Wat nu?«
»Ach, nix von Bedüden«, meent ik, dat kamt alle Näs lang mol vör. Will man gau de Alarmklock pingeln laten.«
'N ganze Wiel later meldt' sik een von uns' Huus: »Is dor wat?« »Nee, nee, wiß is de Sicherung mol wedder dörslaan. Ropen's man den Notdeenst an un geven's man uns Fruunslüüd Bescheed, se schüllt noch'n beten mit'n Eeten teuben.« Nu geiht woll allens sien Weg, dach ik bi mi. Man mien Mitfahrer keek mi noch jümmer an. Mit een meent he: »Ik will mi man erstmol vörstellen. Bün woll eer niee Naver.« Bi lütten kamt wi nu in't Klönen. Ik froog em nu, för wat he sik so fien utstaffeert hett. »Mutt ik, mutt ik«, see he, »ik arbeit' meist in'n Hoben.«
»Wat in so'n fein Tüüch?«

»Tje, as Chief von'n Terminal geiht't nu mol nich anners.«
»Sühso, in'n Hoben an'n Terminal. Wat mi dat nich bannig interesseert mol so'n Terminal to kieken.«
»Hebbt se denn Lust er Näs' mol in'n modernen Hoben to steeken?«
»Wiß doch, rein to geern!«
»Afmokt, Naver«, wenn dat mol passen deit, denn will ik se dat man allens wiesen.«
Mit eens geev dat'n Ruck un de kröpelige Fohrstohl weer wedder in Fohrt.
»Tschüüs denn, Naver«, seen wi beide. »Wat'n Tofall sik hier in'n Fohrstohl kennentolehren.«
Twee Weeken later op'n Sünnobend weer dat nu so wiet. Mien Fru un ik kunnen den Terminal besöken. As wi dor ankeemen, wöörn wi empfangen as olle Geschäftsfrünn. Wi kregen Platz op so fiene Ledderstööhls in'n Konferenzruum. Toerst kregen wi'n Lütten ut'n Buddel un nu verkloort uns Naver allens wo dat hier lopen deit. Buten on'e Pier leeg 'n bannig groot Container-Schipp. Dat weer 'n Franzos'. Achtern harr he en grote Brüch rünnerlaten. Kunnst nu sehn, wat Govelstoplers, Autos un LKWs ropp un rünner suusten. As de Düvels föhrt de Keerls. »So«, seggt mien Naver, »den Frenschmen wüllt wi uns nu ankieken. Wi mööt 'n beten tomaken, denn in'e halwe Stünn leggt he af. De Reis' geiht no Dakar. »Över de Brüch keemen wi nu op't Schipp. Mußt fix oppassen, dat se di nich överföhrt. Mit'n Mol keem de drütte Offizeer of uns to, geev uns de Hann' un wies't uns den Weg to'n Fohrstohl. As wi binnen weert, Mann in'e Tünn, suust he

mit uns af. Op eent stunn' wi op de Kommandobrüch. Hier kreeg wi nu allens to weeten. Wat seh dat hier moi ut, de veelen Instrumenten un Apparatens. Bloot 'n Stüerrad söcht man hier vergevens. De Rodergänger harr twee Knööp un'n fien Sessel. Allens anners as wi dat von freuher kennt. Wi kunnen noch in'e Funkerbude un in't Kortenschapp rinkieken. Denn schull'n wi in de Brükkennock. Von hier kannst sehn, wat'n grot Schipp dat is. Un hoch is dat ok! Likers so hoch as op'n Karktorn. Mien Naver halt sien Fotoapperat ut'e Tasch un makt gau 'n Bild von uns. Op eens geev de drütte Offizeer uns 'n Teken. He müt noch wat dohn. »Au revoir« see he un weg weer he. He meent woll, fi finnen den Weg torüch von alleen. Mien Naver kiek nu op sien Klock un see:
»Nu warrt Tiet von Bord to kamen.« Wo weer blot de Fohrstohl? Licht kunnst di verbiestern. Enlich stunn wi vör em. Man gau rin, dach ick. Na Dakar wull ik nu nich hen. Mit alle man hoch stiegen wi in. Mien Naver drückt op'n Knoop. De Fohrstohl mokt de Döören dicht, schüttel sik 'n lütt beten un denn seggt dat »Rrrumms«. Nix wieder. Nüms röhrt sick mehr. Mien Naver weer ganz witt um'e Näs. He drückt op alle Knööp, man nix passeert. Nu kunnen wi höörn, wo de Maschin' in'e Gang keem, de Achterbrüch gung mit Poltern un Bullern hoch, un överall hörst du pingeln un ropen. Dreemol een Kort mit de Tuut, nu wuß ik, de Schlepers nehmt dat Tau över. Wi hebbt afleggt, dat weer nu klor.
»Wat nu«, frog ik dütt Mol mien Naver.
Man he weet keen Antwoort. Sien Spraak harr he noch nich wedderfunnen. Uns Fruunslüüd keken sik ok verbiestert an.

»Kiek, wat'n Tofall«, see ik, »just as nülich bi uns in't Huus.« Wenn dat wedder so lang duert bit wi hier rutkamen, denn sünd wi wiß all in Brunsbüttel. Just so keem dat. De Fruunslüüd weern all ganz hiddelig, as dat 'n lütten Ruck geev, de Fohrstohldöör opsloten wöör un wi enlich an'e frische Luft rutkunnen. Temlich verdattert stunn nu wedder uns drütte Offizeer vör uns. He schnackt mit mien Naver. Man von dem, wat he op französisch seggt hett, harr ik nix mitkreegen. »Brunsbüütel«, dat kunn ik höörn. Nu nehm he uns an'e Hann' un wiest uns den Weg op Deck. Op Stüerbordsiet weer butenbords de Gangway fastmokt. Hier schulln wi teuben. In fief Minuten leggt dat Lotsenboot an. Wi kunn' em all sehn. In dissen Oogenblick keem de Elvloots von den Kommandobrüch un stellt sick to uns.

»Kamen se man achter mi ran, ick kann se dann beter opfangen, wenn se runnerfallt.« He stieg över de Reeling un wi achter em. Dat Lotsenboot leggt nu an, kunnen wi sehn. Mit Hartkloppen, tokniepen Backens un'n stramm Fastholln an'n Zeptertau güng dat een Been na'n anner de schuckelige Trepp hendal, bit wi enlich dat Lotsenboot tofoot kreegen. Bange Minutens weern dat, dörtig Meter twüschen Heben un Water. As wi nu mit alle Mann an Bord weern, kunnst dat veermol plumpsen höörn; uns' Steen von't Hart weern nu in'e Elv fullen. Un as wi uns' Fööt seker an Land op de Pier harrn, kreegen wi uns langsom wedder in. Wi geven uns alle de Hann. Mit'n toknepen Oog un'n beten spietsch müßt ik seggen:

»Wat'n Tofall, leeve Naverslüüd, tweemol in'n Fohrstohl fastseten is doch beter as keenmol!«

USCHI KRÄMER

Nee Nobers un'n olet Hart

»Nix dor! Dor ward nix vun!« kreih Tiekenbrökers Stine, un mit 'n degden Bullerballer smeet se de neen Nobers de Döör vör de Nees to. »Dat düsse Bagaasch mi dat Land dichtpadden deit! Wat heff ick mi jümmer afmarachd! Heff mien lebelang de Gröschen för Huus un Goorn tohoopkleiht!
To lachen heff ick nich veel hatt. Weet jo meist gor nich mehr, wo dat geiht!«
Stine leet sick up 'n Stohl doolplumpsen. Düt fiene Trecken un Pieken in ehr Hart harr sick woller meldt hatt. Un so'n beten schwummerig wöör ehr dat vör de Ogen.
»Dat deit blots de Arger, den 'n mit düsse Lüe hett. Geiht de doch wiet vörbi, of ick 'n Masse vun mien Goornland för de Ützepoggen un de Snickermüüs liggen loten do!« brabbel Stine noch, un denn wöör se al afseilt.
Se kunn vun Glück seggen, dat ehr Dochder Annemarie sick jüst den Dag vörnohmen harr, dat se ehr Mudder mol besöken wull.
»Poor Minuten bi ehr rinkieken, ehrder dat ick in Urlaub goh«, harr se sick seggt hatt.

Söss Doog loter is Stine in Krankenhuus to sick komen. Se kunn dat toeers gor nich recht vörnanner kriegen, wo se dor henkomen wöör, un wat se dor berieten schüll.

Man Schwester Iris hett Stine so'n beten sacht weg vun ehr Hart, wat vun Ogenblick nich so recht goot doon wullt harr, vertellt.
»Is denn nu woller allns in de Reeg?« fröög Stine klammködelig.
»Sicher doch«, möök de lüttje Schwester de öllerhaftige Fro Moot, »'n poor Weken loot wi dorup hengohn, un denn swutscht wi beid up den Ernteball, wat?«
»Ernte?« Tine schööt bannig in Dutt. »Ochott nee, de Erdbeern harrn plückt weern mößd!«
Jeden Dingesdag un Saterdag kreeg dat Olenhuus in de Bäckerstroot vun ehr de Erdbeern. Un dat nu al siet över twintig Johr!
Stine wöör ganz achterut un böös an hachpachen.
»Man sinnig, Fro Tiekenbröker«, meen Schwester Iris, »Ich heff jo twee Stünnen Middag. Nossens goh ick denn hen un kiek no de Erdbeern... weet jo, wonööm Se wohnen doot...«
»De Stickbeern mööt ok bold sowiet ween... dröööfd jo nich utriepen...«
»Ok de kiek ick mi an, un mit de Lüe vun dat Olenhuus snack ich ok.«
»Mit Oberschwester Lotte. De hett dat Leit!«
»Mit Oberschwester Lotte«, smustergrien Iris.
»An dat vele Unkruut mööt Se sick ober nich stöörn...«, reep Stine ehr noch achterno.

Lang hett Schwester Iris sick nich uphooln bruukt, un se möß för dull an sick hooln, dat se Tiekenbrökers Stine nich ut ehrn Middagssloop reet.
Man so dra as de 'n beten mit de Ogen pliern dä, reep

Iris ehr to: »Allns best! De Erdbeern sünd no dat Olenhuus henkomen, dat Geld dorför is bi de Spoorkass inbetohlt. Is dat wat, hm?
Un bi de Stickbeern sünd ehr Nobers jüst togang, dat Se de inkookt kriegt!«
»Nobers? Wat denn för Nobers?« schüddkopp Stine.
Dor kunn se sick keen Vers up moken.
No den Doot vun den olen Bischopps Vadder wöörn dor doch man blots de neen, de ut den Osten, de Bergers un düsse Lebedschinskis, de se keen Goornland harr öberloten wullt, de se wegböstert harr – se schüllen sick dor woller henscheern, wonööm se herkomen wöörn, harrn dor jo Land noog liggen.
Un wat heet hier »free ween«?
Wullen sick amenn 'n fulen Dag moken un an ehr Pottjemannottje ran, düsse Prachers. Mit düt ganze Getater schüll annerseen blots verdummdübelt weern...

Un nu – sowat?

Stine maracht sick in ehrn Goorn nich mehr af.
Man dat gröönt un bleiht dor in.
Ok Stine is woller dörgröönt.
Un dat Lachen, wat du nu foken in ehrn Goorn hööm kanns, dat kummt nich blots vun de Noberskinner, de jüm ehr Öllern bi de Arbeit üm de Fööt rümwuselt oder för Stine 'n poor Blomen ansleept!

Wat hett Stine ehr Hart sick betert!

ROBERT KRUMREI

Europäische Naverslüüd

»Luster mal to«, sä ick to mine Tine, wat min Frominsch is.
Se heet eegens »Christine«. Aber so roop ick ehr bloot, wenn't Thermometer up Storm bi us steiht.
Nu wull ick ehr wat wirklich Fienet vertellen. Dorum sä ick jo ook »Tine«. Wi wohnt in 'ne Reehenhuus-Siedlung an 'nen Stadtrand. Meist seggt wi dorto »Scheibenhuus-Villa«.
Bitlang heff ick jümmers glövt, Naverslüüd, dat weern de Minschen, de just gegen di wohnt, Wand an Wand.
Aber nu bün ick doch wat beeter belehrt worn.
»Kiek an, Tine, in 'ne Fernseh-Norichten vertellt se upstunds meist wat von dat »Europäische Huus«. Un wo so 'n Huus is, dor mutt doch eegentlich ook Naverslüüd geben. Meen ick man bloots. Meenst dat nich ook, Tine?«
»Och, dat is doch Tüünkrom«, sä se dorgegen an.
»Ick nöm se denn »europäische Naverslüüd«. Hest doch hört, dat de Ungarn to allererst ehren »Gordentuun« – ich meen ehren Stachekdrahttuun – dörsnieden hebbt Hand in Hand, dat nenn ick Navershap«.
Meenst dat wirklich, Jan?«, sä Tine dor gegen mi. Ick heet nämlich Jan – oder beeten: so seggt se to mi. Döpt worn bin ick jo eegentlich up »Johann«.
Aber ook, wenn dat »Lust und Laune – Thermometer«

bi us up Storm steiht, nennt Tine mi jümmers noch »Jan«. Dor kannst eben an sehn, dat de Frominschen af un an villicht de beetern Diplomaten sünd, oder nich?

»Und wenn Du de Ungarn op disse Ort und Wies Navers nennen kannst, denn doch woll jüst so good de Dütschen achter de Muuer«, froog ick Tine.

Se schüttkoppt mi too.

»Hör to, wat dor jüst in Bremen passeert is.

Bremen hett 'ne Partnerschaft mit Rostock in de »DDR«, as se dorto affkort meist seggt. For Gorbatschow heet dat »Dawai, Dawai, Rabotti«. Dat is russisch und heet up dütsch »los, los, arbeiten!«.

»Man, wat büst Du kloog. Woher weeßt Du dat denn?« froog Tine verbaast.

»Tja, ›Fernsehn bildet eben doch‹, sä de annere«, sä ick dor to ehr. »As Gorbatschow noch den Honnecker besökt harr – is all 'n tiedlang her – dar mokte de Russen-Chef so sien Witze mit em im Fernsehen. Und dat heff ick mi markt.

Aber nu will ick Di de Geschicht ut Bremen vertelln.

»Story« seggt se jo up neehochdütsch hütigendags dorto.

Use »halven Polizisten«, de den »ruhenden Verkehr« (gifft doch gor nich!) uplustert, hefft jo ook 'ne smucke Uniform an. Wi nennt se bis us »Sheriffs« – oder, wenn dat 'nen Frominsch is, heet se »Politess«. Se seeht jo ook wahrhaftig ut as 'n Respektperson, de »Knöllchen« upschrieben dröff.

Midden in'n Hauptverkehr in de Innenstadt von Bre-

men in de Ladezone von so 'n groot Firma stun'n lütt »Trabbi« in't Halteverbot.
Jungedi, dat is jo meist mehr als Gotteslästerung in de Oogen von us Uppassers. Dor keem nu soon Politess an. In den Trabbi seeten twee Frooenslüüd.
De Politess weer een von de ganz Klooken und markt an dat Auto und de Nummer, dat de nich von hier weern.
Se weer ganz fründlich to de Insassen un sä, dat sie kien Knöllchen hebben schullen, aber se mussen bums dissen Platz verlooten. Nebenan weer'n Hochgarage; dor kunnen se parken; ohne wat to betalen.
Dor fungen de beiden Frooen höllisch an to weenen. Se säen, dat se ähre Schwägerin mit dat lütte Kind in dat Gedränge von disse Grootstadt verloren harrn. Un se wulln doch bloot mal de Partnerstadt von ähren Rostock kennenlehrn.
Dit weer de eenzig Platz, wo se 'ne Chance harrn, sick wedder to finden.
Wenn de Wogen hier nich mehr stünn, wuss de Schwägerin jo gor nich, wo se sööken schull in disse Fremde.
Jüst in dissen Oogenblick kem een Sheriff mit de Schwägerin un den Kinnerwogen üm de Eck. De Freid weer groot.
Aber dor is noch 'n anner Unglück passeert.
As se den Kinnerwogen inpacken wullen, brook de ut Altersschwäche twei.
He harr den langen Stadtbummel nich mehr verkraft.
Nu geef dat wedder Troonen.
Aber de Uniformierten wussen to helpen:

Se brocht de beduernswerten Frooens un dat Kind in de nächste Wache und bewirt em ordentlich.
Twischendör suust de Sheriff na Huus, holde den intakten Kinnerwogen von sien rutwussen Söhn und schenkt em to de Rostocker Frooens.
De Troonen leepen ehr dool. So duchtig hebbt se sick freid öber disse ›Naverschapshelp‹.
Ick seh, dat mine Tine an disse Stäe von dat lütte Vertellse ook de blanken Troons ober beide Backen leepen.
»Tsüh, Tine«, sä ick dor, »bist nich ook de Meen, dat dat »Leeve Naverslüüd« in usen Europäischen Huus sind?«
Se schüttkoppte mi wahrhaftig too.

ELISABETH LOGEMANN

Adjüüs mien leeve Naver

Wo de Feller tohopen stötten, drepen se sik to'n Klöönsnack, Buer Hein Hinrichsen un sien Naver Korl Petersen. De Steed bi de Fleederboom harrn se sik utklamüstert, un se schulln dat bold anworrn, dat se blots sinnig un lies snacken kunnen. Un denn in de Schummertied, wieldat Korl nu, as dat nöömt wörr, in'n Ostsektor leven de un Hein in'n Westsektor. An düsse Snack, do harrn se so ehr Vermaak an. Aver dat weer eens Daags vorbi. Hein keem do jüst achterto, as dar Mannslüüd in'n Gang weern mit Wierdraht. Dar wörr hin- un herhanteert, jümmer noch mehr.
De Fleederboom leeg nu liekut ganz un goor up guntsiet. Hein keek sik dat Speelwark an, denn so meen he to Willi, de in dat lütje Huus an de Straat wahnen de: »He Willi, wat is dat föör 'n Akschoon? So 'n abosige Gedoo!« Man Willi harr dat bannig drock un höör jo woll nix nich. Do bölk Hein arig: »He, Willi, wat schall dat warrn?« Do wörr Willi heel liek bit Krüüz, smeet sik in ne Bost un meen: »Bauer Hinrichsen gehen Sie auf ihr Gehöft, sonst muß ich Meldung machen.« Hein weer verbiestert, Willi snack hochdüütsch? Dat harr wat up sik! He geiht behaut to Huus. »Dat warr ik mienleev nich vergeeten« meen he to sik sülven. Daage later schull he sik noch mehr verjaagen: Nu keem dar ok noch een grote Muur langs! »So«, weer sien Meenen, »adjüüs mien leeve Naver, nu hett dat Snack 'n Enn.«

He stunn un keek un keek: »Korl, wat warrt darvon? Of dien Fru de Foot heel hett, dien Mutt al fakelt hett, düsse Spijöök mal 'n Enn hett? Hebben se allns tonichte maakt!«
De Johren de leepen. Hein un sien Fru stüürten fakener in't Jahr 'n Pakeet to Korl. »So«, dach Hein eerst, »nu kriegen wie wiß wat to weten.« Man Korl schreev jümmer egaal: Vielen Dank für die Sendung. Uns geht es gut, hoffentlich auch Euch. Viele Grüße! Karl Petersen und Familie. Tolest hööt he nix mehr.
Nu weer Hein tachentig Johr olt, seet in sien Sorgenstohl un weer meist 'n beten induselt. Do höör he so 'n Spitakel. Neeschierig kiekt he ut Finster: Wat 'n Minschheit, as so 'n Immenschwaarm kaamt se de Straat langs. Un wat höögt se sik! Wat nu? De kamen jo to mi! Well is dat? Hein stüürt no de Huusdöör, dreiht dat Slott open: »Süh! Onkel Hein, wi sünd dor!« Luuthals röppt dat een Keerl. »Well sünd ji?« fraag Hein heel verbiestert. »Dien Naverslüüd. Ik bün Fidi, Korl Petersen sien Söhn. Wi kaamt von guntsiet, de Grenz is open! Un dat is miene Fru Magreet und dat Naverslüüd un Frünnen.« He happacht rein bito vertellen. »Wo is Vadder? Korl, is he nich mitkaamen?« fraag Hein. »Nee«, seggt Fidi, »he is nich goot to weeg, 'n beten an't Klüngeln, he luurt up di, Onkel Hein.« »Dat ik dat noch beleeven do, un seh min Naver wedder, ik kann't knapp glöven«, meen Hein nadenkern. Denn nödigt he se all in de Stuuv: »Kaamt rin! Dat gifft Koffi, un Krintenstuten hebbt wi ok noch, un vertellt, vertellt, vertellt.«

LENI LÜTTKE

De lütte Sluderie

Wat mien Fru is, Lena heet se, de speelt Theater, richtig Theater meen ik, bi de plattdüütsche Bühn.
Wenn se ehr Rull liehren deit, denn kannst bang warrn, denn löppt se luuthals dörch de ganze Wahnung un studeert ehrn Text in, levensnah, as se seggt.
Nu is se to Kur, dat vegetative Nervensystem harr de Dokter seggt, na ja, de Dokters.
Schall ik Fru Schulz fragen, of se de Treppen schüürn deit för de Tiet wo ik weg bün? Harr se mi noch fraagt.
Schulzenz sünd siet een Johr uns Naverslüüd.
Ne, harr ik seggt, dat weer je wull noch schöner, wenn ik as perfekte Huusmann, de ik nu mal bün, nich all veerteihn Daag dat Treppenhuus reinmaken kunn. Un överhaupt, sä ik, is dat beter, se weet nix dorvon af, dat du in Kur geihst, denn bruukt se sik ok nich to bemöhen, de Diagnose vun dien Krankheit fasttostellen un dörch dat ganze Dörp to dregen.
Nu günn ehr doch de lütte Sluderie, sä mien Fru, wieder hett se doch nix.
Jüst as mien Fru de Reis antreden harr, reep en ole Schoolfründin vun mi an, de in Frankriek verheirad is, se weer grad in Lübeck, wo se opwussen is un wull nich versümen, mi to besöken.
Na, wat schall ik lang vertellen, dat weer en komodigen Nameddag, man ik harr Fru Schulz vergeten, de blots

ehr Pläseer dorin hett, uns un anner Lüüd ünner de Luup to nehmen, veel mehr hett se nämlich nich to doon.
Annern Morgen, ik weer grad dorbi, dat Treppenhuus to feudeln, keem se von 'n Inköpen:
Na, Herr Schomaker, ik heff jüst gistern to mien Hinnerk seggt, mi schall mal verlangen, sä ik to em, wo lang dat düsse leeve Mann mit sien Fru noch utholen deit, bi all dat, wat se ehr Fru se so an den Kopp smieten deit, harr ik all lang mien Kuffers packt, man as ik gistern se ehrn Besöök sehn heff, smucke Fru, dat mutt ik seggen, dor weer mi allens kloor, is se denn all uttrocken? Se ehr Fru meen ik, de Trepp harr ik doch reinmaken kunn, Herr Schomaker, dat do ik doch geern!
Uttrocken? Mien Fru? Sä ik, de is in Kur, is se, se hett, se speelt, ik meen...
Ha, in Kuuur sooo, so nöömt man dat hüüttodaags also.
Fru Schulz, sä ik, wenn se af un an lütt beten luut ward, mien Fru meen ik, denn studeert se blots ehr Rull in, se speelt Theater, weet se...
Theater! Herr Schooomaker! Na, mi bruukt se doch nix vertellen, mi doch nich, ik heff doch Ohren, nech? Ha, Theater, ne, dor höört sik doch allens op, na, nu gaht se man rin, dat Treppenhuus maak ik rein un denn bruus ik naher eerstmal en gooden Kaffee op för uns beid, heff ik nich ümmerloos wedder seggt, dat ik ümmer för se dor bün? Wo kemen wi denn wull hin, wenn wi uns nich mal mehr op uns leeven Naverslüüd verlaten kunnen...!

WERNER MAHLENDORF

Navers as Helpsmaaten

Grummrrummgrumm, krach. »Wat weer dat?« Jochen schot in sien Bett hoch. »Och so, blots Gewidder. Dor! Schriee buten.« »Water! Waater!!« Dat weern de Navers. Also weer dat wedder mal sowiet.

So harr Jochen sik dat Leven as frischbackden Eegenheembesitter in sien Reegenhuus afsluts nich vörstellt. Dat weer nu all dat dritte Mal mit Överswemmung in' Keller. Blots, wiel schients de dösige Regenwaterkanal bi richtige Regenschüür dat Water nich sluken kann. Un all de twölf Hüüs in sien Reeg harrn dat glieke Mallör.

Dat help nu aver nix. »Margret, Maargreet!! Water in' Keller.«

Sien Fro jump hoch. Heel verdreiht weer se noch. Mag woll sien, se weer ut'n ganz besünners mojen Droom hochjagd worrn… »Jochen, mein Zeit, hest du mi verjaagt. Wat weer mit dat Water?? Wenn du merren inne Nacht Water drinken willst, denn hol di dat doch. Darum brukst du mi doch nich ruttosmieten.« »Quatsch, Water drinken.« Jochen maak 'n Satz ut de Puuch, de elegant weern schull, rutsch aver mit den Bettvörlegger na vörn un land hard op sien Achtersteven. »Water in Keller, hörst du nich, se schreet all wedder.« Dat letzte klung mehr as so'n Stöhnen, vonwegen dat Kelln an de Achterpartie.

Jochen leeg nu ernsthaft in Striet, erst mit sien Ünner-

büx un denn ok noch mit de Büx, wo he jedsmal mit beide Fööt in een Büxenbeen togange weer. »Wat is he doch 'n leeven, groden tüffeligen Keerl«, dach Margret, de sotoseggen in Nullkommanix in de Kleedasch un butendöörs weer. »Aver, dat gifft leeger Saken, as af un an 'n beten Tüffeligkeit«, snack se sik sülbens Trost to.
Dat weer ja 'n nette Bescherung. De Keller weer all 'n ganze Handbreet ünner Water. Un ut den Afloop, wo dat Regenwater eegentlich in verswinnen schull, drück dat jümmers noch fliedig na. »Een Glück, dat dat blots de Regenwaterkanal is, de us Probleme maakt«, meen se na Richtung Jochen, de middewiel de Kellertrepp dalstolpert keem, »Schietwaterkanal weer leeger.« Un harr fors Grund, över ehren groden Dwarslöper to schüddkoppen: »Nee, mit'n Feudel kannst nu doch noch nix anfangen. Ers mal mööt wi mit Plastikammers anfangen uttoschöppen. Un segg doch glieks eben Elfie Bescheed. Mien Süster is twars to Besöök, aver wenn wi ehr nich helpen laat, is se morgen suuer.«
»Dor kannst di op verlaten!« Elfie stünn all op de Kellertrepp praat. Un seh sööt ut, mit ehren verslapen dunkelbrunen Wuschelkopp un ehr slank un rank Figur. De rode Baby-Doll leet nich wenig dorvan seh'n. Jochen stölter prompt över den vullen Waterammer vör sik un weer fors natt bit to'n Buuknavel. Sodennig harr em dat dörsichtige Dingens von sien junge Swägerin dör'neen brocht. Wat so fiev Gramm Stoff nich allens anrichten könnt, wenn se man blots an de richtigen Stäen verdeelt sind.
Gottloff, de schlimmste Schuur weer vörbi. Dat harr aver ok as »ut Ammers« schütt'... Fred, de neege Ree-

genhuusbesitter twee Hüüs wieter, böög sien Rügg wedder liek. Harr he doch gau schafft, freu he sik. Man good, he harr mit dree Sandsäck vörsorgt. So harr he sien Keller as erste wedder klar. »Mal seh'n, wo wiet as de annern woll sind«, maak he sik op den Padd.

»Wat so'n Gewitter doch de Luft rein maakt«, freu he sik un weer all bi Jochen un Margrets Garagendöör anlangt, de wiet open stünn. »Naa, sind ji noch fix ttt...« Dat »Togangen« bleev em bookstävlich in' Hals steken. So geiht een dat, wenn'n as Mannsminsch, de noch nich von allens af is, unverwahrens vör 'n roden, anners aver tämlich dörsichtigen Baby-Doll to stahn kummt. Wo to allen Unglück, oder schöllt wi beter Glück seggen, noch so'n püük un propper Froonsminsch von, segg wi mal, nich mal dartig Jahren in steeken deit. »Kann ik jo hhhööö, ik meen hii... anfaaten?« »Mein Tied«, arger he sik, »nu fang ik noch an to stamern, as so'n lütten Schooljung.« Un weer heelfroh, as Jochen em Platz maak un he anfangen kunn to schöppen.

Un Fred weer in de denkwürdige Nacht nich de Eenzigst, de op disse Aart und Wies to unvergeten An-, Ut- und Inblicke keem. Na' nanner, aver jeden för sik, keemen ok Rolf, Herbert un Willi ansluurt un weern stantepee in Jochens Keller anstellt. Toletzt keem ok noch Diederk mit sien fiefunsöbenzig Jahr anrückt. Herbert harr em gau Bescheed geven, as he trügg muß, noch 'n Ammer to holen: »Wenn du dat scharpste seh'n wullt, wat du je in dien Leven to seh'n kregen hest, kumm na Jochen sien Keller.«

De ole Diederk keem denn aver överhaupt nich mehr to'n Insatz. In Nullkommanix weer de Keller nämlich dröög as'n Kattenfell. »Denn weest man all hartlich bedankt!« Jochen harr'n Buddel Sluck ut dat Köhlschapp holt, Elfie schenk in un weer heel fründlich to elkeen von de Mannslüüe. De wussen eegens nich, schulln se nu op ehr Glas, ehr eegen Fööt oder ehr Gegenöver in de lustigen brunen Oogen kieken? Annerwärts hen? Nee, dat weer denn doch 'n beten schenannt. Herbert bever nich blots dat Glas in de Hand. »Nee ok doch, wat 'n Rassefro«, dach he.

»Wat is dat doch moj, wenn een fründliche Navers as Helpsmaaten hett«, sä Jochen to sien Margret, ehr he sik later endgüllig op de Slapenssiet rull. Un de allerbeste von alle Froenslüüd nickköpp tofreden: »Över socke Navers wüllt wi nich meckern.«

Ok Sööt-Elfie kuschel sik in ehr Besökerslapkamer gemüütlich in de Feddern. »Wenn ik mien Jogging-Antog övertrocken harr, harrn wi dree woll meist 'n ganze Stünn länger to marachen harrt. Sind doch leeve Mannsbiller, Jochen sien neegen Navers.« Un mit 'n ganz lütt spriedig Grientje leet se sik tofreden in Morpheus sien Aarms sinken.

GABRIELE MANDEL-GÄRTNER

De Popp

Vor gut dörtich Joarn köften mien Öllern een Hus un treckten an de Stadtrand. De Henzes hatten dat Grundstück doneben und wern sehr fründlich to er nüe Navers. Liegwohl mien Öllern gau gewoar wurn, dat Agnes Henze binah' unerträglich wör, wern se to gutmütig, de Kontakt to de Navers ok später nich afbreeken to laten.

Ick kunnt' Agnes Henze nie verknusen. Se wör domals um de Dörtich, een fette, sludrige Fru mit dünne Hoar, wo keen Frisur hollen dee. Lütte Ogens ohne Wimpern kiekten kottsichtig ut een schwabbelige un grobet Gesicht. Se hatte een schrille un luude Stimm' un wör pausenlos an't Vertellen.

Neben sien Fru sech Ferdinand Henze noch klöteriger ut, as he sowieso schon wör. He hatte een gedrungene Figur un wör ok 'n beeten kleener as Agnes. Een gewaltige Fullbart bedeckte sien halve Gesicht, lütte waterblue Kinnerogens kiekten harmlos inne Welt. Een spärliche rode Hoarkranz full em in fusseliche Locken up'n Hemdkrogen. Nie hev ick Ferdinand Henze mehr as een poar Worte schnacken hört. He wör mit seck seefst beschäftigt un wör nur to gang mit sien Hobby: he hatte een poar Tonbänners, wo he allns upnom, wat em interessant vorkeem. Mien Öllern hev mie oft vertellt, dat he jeden Schnack uptegnen däh, dat in sien Hus to horn wör. »Dat is man 'n Ding«, seh

mien Vadder, »jümmers löppt düsser dösige Apparat mit.«
Vun jeden Besög bie eer Navers keem mien Öllern halb amüsiert, half verargert torück.
»Dat is ja nich uttohalten«, stöhnte mien Mudder. »Jümmers heißt es: ›Ferdi, do düss, Ferdi, do dat!‹ Un wenn seck de arme Kerl dann endlich eenmol hinseten kann, scheucht se en sofort wedder los: ›Ferdi, hol Beer!‹ Se seefst mokt överhaupt nix!«
Vor een poar Joarn sturben mien Öllern bie een Verkehrsunfall, un ick hatte kaum noch Kontakt to Henzes. Meest hev wie uns nur in Sommer dropen un wesselten een poar Wörter övern Gartentun.
Up de Grundstück vun Henzes steit een riesige Rotbok. Jeden Sommer stellte Ferdinand twee Liegestöhle darunner up, de so dicht tosomen stunn, dat de Armlehnen seck berührten. De ganze Dag lang, von Fröhjoar bit to'n Harfst, seten de Henzes bie scheune Wedder unner de Rotbok un starrten up de Bildschirm vun een kleene drogbare Fernseher, de up een wackligen Campingdisch stunn. Se schnacken man wenig miteenanner. Nur af un to kunnt ick Agnes hörn, de mit luuder Stimm' seh: »Ferdi, hol Beer! – Ferdi, ick hev Hunger! – Ferdi, mir is kold, hol een Deck'!« Un jümmers slurte Ferdinand mit müden Schritten wortlos in't Hus, um dat to holn, wat se wull. Nur manchmal broch' he sien Tonbandgerät mit, um mol wedder Vogelstimm' in de achterste Garteneck uptonehm.
In letzten Sommer sturb Agnes Henze. An een strahlend scheun' Julidag wur se beerdigt. Still un gefaßt nöhm Ferdinand mien Kondolation entgegen. Ick bed

em an, dat ick mi een beten um em kümmern wull, aber he lehnte ab.

An nächsten Dag sech ick em ut sien Hus kommen, ünnern Arm de beiden Liegestöhl'. Wie jümmers stellte he se dicht nebenanner unner de Rotbok. Dann ging he sien Fernseher holn un knipste em an.

Nach een Weil' wör he unruhig. He strikelt sacht de Armlehn' von de tweete Liegestohl, so as sök he de Hann vun sien Fru. Völlig ut'n Tüdder, as keem he vun wiet her, kiekte he up de leeren Stohl neben seck, vun wo de Stoff leis in Wind flattert. Langsam stunn he up, ging in't Hus un keem torück mit twee Buddeln Beer. He mokt' beide up, stellte een vör Agnes Stohl, de anner fung he an mit groten Schlucken uttodrinken. Dann bruch he de beiden Buddels, de een noch full mit Beer, torück in't Hus, um twee nüe Buddels to holn, vun de he wedder nur een leerdrinken de.

Et wär wol een Woch' nach de Beerdigung, ick dach' ick wör verrückt: do set ja Agnes! As ick genauer hinkieken do, kunnt' ick sehn, dat een Schaufensterpopp stiff in Agnes Stohl lech. Ferdinand hatte de Popp mit Kissen utpolstert un hatte ör een bunte Kittelschört antrocken, de Agnes meest anhatt'. He seh temlich tofreden ut, stunn vun Tied to Tied up, Beer to holn, un as dat abends kold wer, do he de Popp in warme Decken wickeln. Aber dat sech ut, as wenn em jümmers noch wat nich passen de.

Twee Dag lang sech ick em nich. De Sunn' wör hitt wie jümmers, de Vögel wern an Singen, aber Ferdinand keem nich in Garten. Ick dach' schon, dat he krank sien kunnt, do kemm he up'n mol ut'n Hus. Wedder stellte he de beiden Liegestöhl' unner de Bok, packte de Popp in een dorvun un holte de Fernseher un sien Tonbandgerät.

»He wull wol wedder Vogelstimm' upnehm«, dach' ick, as he de Apparat anstellen de. Toerst kunnt man nur een Rauschen hörn, dat aber bald vun de Fernseher övertönt wör. Ferdinand smet seck in sien Liegestohl un streckte lang de Beens ut.

»Ferdi, hol Beer!« Agnes Stimm' keem luud un schrill ut'n Kasten. Bannig verschrocken, aber ok nügierig, kiekte ick to mien Naver. Do leg he mit een glücklichen Gesicht un griente vör seck hin. Dann stunn he up, ging mit federnden Schritten in't Hus un keem kotte Tied später mit twee Buddels Beer torück.

JANN MENNENGA

Stummel

De Nabers van Geerd un Antje wohnen an d' anner Sied van de Leegd. Wenn se binanner kamen wullen, muß elk 'n groden Umweg maken. Man de Nabers hulpen n' anner alltied, wenn 't Not dee. Eenes Daags wur Antje haalt, se much gau kamen, Stummel, de naar Jung, was tomal so krank worden. Mit hoch Febers lagg he 'n paar Week in d' Butz. Do mit leverla kwamm he mit Hülp van Antjes Tee un Smeer weer to Been. Man bedrövt murken all, he kunn neet mehr proten un hören. In d' Drafft lopen kunn he bold neet mehr. Sien Hart mook dat neet mit. Ok dee he of un to so arig. Dorna harr sien Künn ok neet mehr all binanner.

So hebben se all lövt.

Stummel weer 'n leev Jung. Allstadig kwamm he bi sien Moder. De muß hum evkes leev hebben un denn weer he ok weer tofree.

De Ollen passen good up, dat Stummel neet to kört kwamm. Man dor weer wat tüsken Stummel un sien beid ollerde Brörs. Se kwammen dor neet achter. He weer as 'n Kluckhenn dortüsken, as wenn he uppassen muß, dormit hör nix tostöten dee.

As Stummel so fief Jahr old was, leep he 'n mal um de Leegd to un kwamm bi Geerd un Antje.

Stummel duuk sük an Antjes Schuut. He keek hör mit sien grode Ogen an, as wenn he fragen dee: »Help mi!« Antje streek hum 'n paarmal aver d' Kopp. He kreeg 'n

Happke to Eten un blied un vergnügt keier he sinnig torügg. Bedrövt keek Antje hum na. Bitlang gaff 't keen Teken, dat he mal weer hören un proten kunn.
Stummel abers keek all Daag evkes rin. He hett woll murken, dor wahnen leve Naberslü. –
To Huus namm he eenes Daags de Hand van sien Vader un reet hum mit na d' Pütt. Mit grode Ogen wies he up de Appels, de an de dick Tack baven 't Pütthuus hungen. De Boom stunn stuuv an 't Pütthuus.
Stummel wull hum wat vertellen.
Wat meen de Jung woll? Wull he 'n Appel hebben? Stummel murk woll, sien Vader begreep hum neet. Glieks dorup kwamm he mit sien Moder.
»He will 'n Appel hebben«, meen se.
Vader plück 'n Appel van d' Tack un gaff hum de. Stummel abers hoo mit sien Arms herum, wies na sien Brörs, de up d' Warf weren un na de Appels. Do up 'n Mal mook d' Püttdör apen un smeet de Appel dorin. Wat wull Stummel hör vertellen? Se begrepen dat neet. Dat mutt Stummel ok woll murken hebben. He gung eerst as 'n Halvmallen tokehr un keek later blot sien Brörs an un Tranen lepen hum aver de Wangen.
Twee Daag later begrepen de Ollen, dat Stummel sien Künn beter binanner harr, as mennig anners een.
Moder gung namiddags up 'n Böskupp. Stummel weer mit sien beid Brörs bi 't Huus. Se spölen up d' Warf. Do kreeg een Brör de Appels in d' Luur. Dat weer man evkes, do satten de beid in d' Appelboom up de dick Tack. Vergrellt weer Stummel mit sien Hannen an wiesen un leep up d' Warf hen un her.
De anner beid schüddeln de Tack un 'n paar Appels ful-

len runner. Up 'n Mal brook de Tack un beid Kinner suusen runner up 't Pütthuus. Dat al wat mör Pütthuus brook innanner un beid seten in d' Pütt.
Stummel harr Tranen in d' Ogen. So tomal dreih he um un leep weg. Allstadig brook he tosamen, stunn weer up un leep of kroop wieder, so gau as he kunn.
Toletzd kunn he neet mehr aver de lüttje Tjaas tüsken de Upstreken springen. He leet sük dorin glieden un kroop an d' anner Sied weer bi d' Kant up. Sweetdrüppen pieseln hum bi 't Leven runner.
Na so 'n fief Menüten kroop he up 't Settfeld up Geerd an, wor de an 'n Törfbült maken weer. Geerd verfeer sük, as he Stummel sach. Sien blau Gesicht, sien Ogen vull Tranen un Angst.
Na 'n paar Tree harr Geerd Stummel up sien Arms. Man de hoo as 'n Halvmallen um sük to.
Geerd leet hum weer runner un Stummel reet hum an d' Mau un wull hum mitrieten. Mit de anner Hand wies he na 't Huus. Geerd murk tomal, dor is wat geböhrt.
He leep in Drafft aver dat Settfeld um de Leegd to un denn de lang Drifft runner. Eenmal keek he torügg un sach, dat Stummel hum wied achtern nakwamm.
Geerd reet bi 't Huus de Dör apen un weer an bölken. Dor weer keen een. Eerst as he um 't Huus to leep, hör he 'n benauten Stimm wied weg. Man do sach he ok de dick Tack up d' Pütt.
Dat Water stunn deep. Dor kunn he neet so rin. As he bi 't Huus keen Ledder sach, leet he 't Schaap van d' Tüdder, bunn dat Enn van d' Kedd an d' Appelboom un leet sük in d' Pütt runner. Na 'n paar Menüten harr he dat Holt un do ok de Kinner up d' Kant.

Elk kwamm mit sien Buuk aver 'n Knee un Water leep hör to Mund un Nös rut.
Na 'n helen Sett fungen de Kinner an to prusten un hoosten. Geerd reet hör de Plünnen van 't Liev un denn of in d' Butz. Nu muß Antje mit hör Tee un Smeer d'r her. He renn an d' anner Sied van d' Leegd na Antje.
Teihn Menüten later was Antje bi de Kinner. Glieks dorup kwamm de Vader van de Kinner van d' Buur un ok de Moder van hör Böskupp.
Se harren noch helen Sett mit de Kinner to doon. Sach slecht ut. Man na 'n paar Stünnen murken se, dat de Kinner weer enigermaten döramen kunnen.
Mit leverla vertell Geerd, dat Stummel bi hum kamen was un hum an d' Mau reten harr: »Wenn 'k 'n bietjet later kamen weer, harren de Kinner seker dood west. Stummel hett de beid dat Leven redd't.«
»Wor is he denn averhoopt?« froog up eenmal een.
All keken um sük to.
Se fungen an t' söken. De hele Nacht hebben se söcht. Mit Schienfaten keken de Mannlü in all Sloden un de Dobb. Achter 't Huus brann de hele Nacht en Für.
As dat 'n bietjet lecht wur, hebben se hum funnen.
He weer an 't Moor na d' verkehrt Sied lopen. He seet achter 'n Törfbült up 'n Heidtopp, sien Kopp tegen 'n Bült an. De rode Sünn schien aver 't Moor hum in 't Gesicht. Sien Hannen harr he follen un um sien Mund to sach dat ut, as wenn he 'n bietjet smüstern dee.
Dor sleep he mit 'n blied Gesicht.
So sach dat ut.
Leev Gott harr hum to sük ropen.
Een Leven für twee Brörs.

HEINRICH PAFF

Uns' Naver Rootboort

»Kiek mool, Hans, wat buten up de nee Bank för'n snaakschen Keerl sitt!« sä mien Fro un trock mi na't Eckfinster hen. Nu mööt ji weten: Vör korte Tiet harrn se uns' Stroot to'n »verkehrsberuhigte Zone« ümbuut mit Buschwark un Vörgoorns, un vör uns' Eckhuus harrn se lütte Muurn hoochtrocken, de stötten över Eck tosomen, un denn harrn se twee faste Holtbänk hensett, dat besünners de Olen sick'n beten verpusten un klönen kööt. Ja, uns' Stadt, de deit wat för uns' »Levensqualität«, as se nu seggt. Jüst güstern wüür dat allns fardig worrn, un de leve Sünn lood an düssen Fröhjohrsmorgen doarto in, düt nee Spillwark antokieken un uttoproven. Nu seeg ick vun't Finster ut den eersten Gast. Groot un breet seet he up de eene Bank un sett grood'n Buddel Beer an: een eenzigen Toch, un se wüür leddig. In so'n Resen (he wüür wiß twee Meter hooch un harr'n Bostkassen as'n Klederschrank), door geiht wat rin! Utstaffeert harr he sick as'n Krüzung vun Papagei un Kakadu: Een giftgreun Hemd, gele West, verwuschen Jeansbüx mit'n swatten Leddergürtel un Messingsnall, un an de Feut witte Turnschöh mit een brunen un een swatten Band. Up sien' Glatzkopp kunnst di spegeln, man sien Boort! Füürroot krüsel sick de över Backen un Kinn – mi füllen foorts de olen Wikinger in. Un denn sien' gleuhnige Ogen, kunnst bang vör warrn! »Else«, sä ick, »dat is licht to, dat de uns' Stammgast ward! Wat

de sick wohlfeuhlen deit! Up beide Siden twee Buddels, un up de Muur ok noch twee! Wo hett he de bloot up eenmaal dragen?« »Na den Kiosk«, sä Else, »sünd dat goot 500 Meter hen – wat mutt de sick afmaracht hebben!« »Nu fehlt bloot«, anter ick, »dat wi den olen Suupsack noch beduern wullt! De twete Buddel hett he ok al utsnasselt! Loot us weg vun't Finster, am Enn kriegt he spitz, dat wi em tokiekt, un he smitt us de Schiev in!«
Kort vör Meddag müß ich denn noch loos, 'n beten wat inköpen. Wüür ick woll heel un gesund an den Suupbüdel vörbikamen? Aber he seet nich mehr doar – man'n lütt Stück wieder keem he mi in de Mööt. He wüür nich mehr alleen, he harr noch'n annern Streumer upgabelt. De beiden slepen tosomen'n Kassen Beer, un ick müß gau Toflucht in'n Huusingang nehmen, anners harrn se mi anstött, un ick harr twee Dutz Buddel Beer an mien' Kneeschiev kregen, denn de twee kamen mit'n Höllentempo anpeest, se kunnen nich gau noog na ehr Suupbank henkamen. As ick vun mien' Inkööpstour torüchkeem, wüürn se denn ok al fix bi't Bekern. Jeedeen harr nu een Bank för sick alleen besett. Man se harrn dat nich mehr so hill, se drünken eher'n beten suutje, un se wüürn nu ok an't Klönen kamen. Mi stünn de Sinn aver nich na't Toheurn; ick wüür froh, as ick de Huusdöör achter mi toslogen harr.
De nee Kolleeg, so veel harr ick wiß kregen, wüür an de anderthalf Köpp lütter as de »Wikinger«, un wenn de beiden mool upstünnen, denn segen se meist ut as Pat un Patachon. Man bi't Supen lett sick de Lütt vun den Resen nix wiesmoken – du müß di wunnern, wat in düssen Dwarg an Stoff so ringüng.

De eerste Dag mit uns' nee Navers wüür aver bloot de »Spitz vun'n Iesbarg«. An'n nöögsten Morgen wüürn dat al söß Mann. De beiden wulln wiß ehr Mackers övertügen, wat dat vör uns' Huus up de Bänk in de Sünn so scheun to sitten un to klönen un to supen wüür. Else meen denn: »De hebbt wiß keen Arbeit un weet nich, wat se mit sick anfangen schüllt. Loot se man sitten, so lang, as se keen Spijöök mookt.«
Man dat bleev nich so still as toeerst, doar kemen von Dag to Dag mehr Lüüd, un bold wüürn ok all de lütten Muern besett, un för de neen, de ummer noch tokemen, bleev tolest bloot noch'n Stehplatz över. Dat wüür nu uns' nee Naversfamilie, un wo gau de sick vermehren dä! Un dat wüür di een Larm un Juchhe up dat »Nee Forum« vör uns' Huus, dat du keen Finster mehr upmoken kunnst. Ehr leddige Buddels un de Schachteln un Kippen, de smeten se in't Gebüsch un op de Blomen, dat seeg ut as'n Mülldeponie. Welk vun de Inwohners säen Bescheed bi de Stadt, un de schick ok Handwarkers, de nehmen de Bänk rut un föhren se weg – man dat stöör uns' nee Naver afsoluut nich. Dat wüür nu up den Platz so vull, dat du up de Fohrbohn lopen müttst, wenn du an all de Lüdd vörbi wullt. Un de Polizei sä, solang as se sick nix toschullen kamen loten, künn se nix moken.
Mit de Tiet wüürn dat bi lütten so an de 15–20 Mann worrn, ok'n poor Wiever doarbi. Dat gröttste Woord harr de meiste Tiet de »Gründer« vun dat hele Weeswark, uns' »Wikinger«, den kunnst an de föftig Meter wiet heurn.
Un denn keem de Dag, den wi so licht wiß nich vergeten

warrt. An'n Vörmeddag harrn wi us al wunnert, dat uns Rees Barbarossa nich to sehn wüür, un dat güng denn ok nich so luut as sünst to. As denn an'n Avend uns' Zeitung in't Huus bröcht wüür, doar sä Else to mi: »Kiek doch mool, is dat nich – ?« Un denn keken wi beide dat Foto an. Ja, dat wüür he, dat wüür uns' Rootboort. Doar leeg he, doot, lang utstreckt an't Över vun uns Stadtparksee. De Zeitung schreev, en Ogentüüg harr't mit ansehn: Een lütt Deern wüür ut'n Roderboot, dat se mit ehrn gröttern Broder tosomen medt harr, in't Woter fullen, un swümmen kunnen se beide nich. Un doar wüür uns' Rees henswommen, in sien vulle Kleedasch, un hett de Deern seker an Land bröcht. Man denn is he miteens tosomensackt un hett sick nich mehr röögt, un de Nootdokter hett ok nix mehr moken kunnt.

An'n nöögsten Morgen mook düsse Geschicht gau de Runn bi de annern. Wunnerlich to vertellen, aver wohr: Vun düssen Dag an füll de »Rest« von de Strotenfamilie mehr un mehr uteneen, un nu is dat mit uns »nee Navers« al lang ut un vörbi.

HILDEGARD SCHMIDT

De Noversch vun vis-à-vis

As ick noch in Hamborg op de Etoosch wahnen dä, wärn de Novers jümmers proot, 'n Pakeet antonehmen, de Blomens to begeeten, un wat so de fründlichen Hülpsdeenste anners noch sünd. Man vör dree Johr tröck ick, tosomen met miene Dochter un ehre Familje, in een eegen Huus no Buxtehud. Un müß beleven, wat dat ok bi de Novers sone un sone geven deit.
De Verkäuper harr sick wohrt, mi dat to seggen, un so wür ick irst no'n half Johr wies, wat an de linke Siet vun den Gorden een knapp eenen Meter breeden Stremel to dat Grundstück vis-à-vis heurn deit. Is üm de Johrhunnertwenn mol 'n Weg no'n Sattleree hen west, man nu kunnst dor nix mehr vun sehn, dor wär förwiß siet twintig Johr keen Minsch mehr dörlopen.
Blanken düssen Stremel stell nu eenes Dogs mien Swiegersöhn 'n lütten Holtschuppen op, un ick güng em dorbi to Hand. Met 'nmol käm dor achter de Dannen as so'n Rakeet 'n Froonsminsch ruttoscheeten. Se beschreev met'n utstreckten Arm 'n groten Bogen un stött ganz opgeregt rut: »Sie wissen, das DIES ALLES hier UNS gehört!«
Ick bemeut de Froo to'n irsten Mol, un se harr sick nich de Tied nohmen, sick vörtostellen – wo schull ick dat denn nu woll vun weeten? Somet anter ick, wat ick öber den Stremel Bescheed wüß, un wat wi nich irstmol Goden Dag seggen un us vörstellen schullen. Dor har se

keenen Sinn för, se pluster sick op, wo wi dorto keumen, 'n Weg to bruken, de gor nich US wär. Oh Mann, se wüß dor'n Barg öber to seggen! Op't letzt kreeg ick ober doch rut, wat ick dat met Fro – neumt wi ehr Braun – to doon harr. De Doom harr dat ole Huus vis-à-vis bi'n Versteigerung köfft un wär dor nu met de Familje an't Renoveern. Nich för sick, nee, to'n Vermeeden. »Das werden dann ja Neubauwohnungen«, verkünnig se met Öbertüügung.

Tschä, se harr sick dat nu so scheun utmolt, in use Stroot oder beter noch Infohrt to parken un no Hattenslust bi us dörtofeuhrn. Dorbi wär nu ober de Schuppen in'n Weg, jo, un de Reeg Eddeldannen langs den Stremel schullen wi stantepeh affholzen. Ick harr in Hamborg met'n Bommschutzverordnung leevt un wahn noch nich lang nog in Buxtehud, üm to weeten, wat dat hier bet nu hen sowat noch nich geven deit. So sä ick denn, wat'n doch 'n Boomgrupp gor nich ahn Verlöff dalhalen dröff. Junge, dor käm ick ober beus met an! »Im eigenen Garten wird man doch noch tun und lassen dürfen, was man will!« Ick sä, wat ick dat anners kinnen dä, un offereer, den Stremel to keupen. Man dor wull se nix vun heurn. »Was soll ich mit dem Geld?« frog se un droh: »Ich erlaube sonst eben meinen sämtlichen Mietern, den Weg zu benutzen, auch meinen Söhnen mit den Motorrädern!« Dormet segel se aff, Gottloff.

Man se geev keen Roh mehr. Egolweg harp se dor op rüm, wat wi se ehren Weg nich bruken schullen. »Ich verstehe überhaupt nicht, wie man die Tannen so dicht an den Weg pflanzen kann!« schimp se. Nu harr ick jo de Bäum nich plant. Ok wenn de Noversch rein gor nix dorvun verstohn schull, se müß doch woll weten, wat son Dannen nich in twee Johr an de twintig Meter hochwassen könt. Blankenbi, ick harr dat nomeeten: De Stämm hebbt noch meist'n halven Meter Affstand vun den kostboren Weg. Ick sä de Noversch to, de Telgen to kappen, un wegen dat Bruken vun den Stremel frog ick ehr, wat ick dor an'n Enn 'n Kreidestreek trecken un miene dree Enkels vertellen schull, wat se met jüm ehre lüttjen Frünn' dor nich öberweg pedden dröffen? »Sie müssen eben einen Zaun ziehen!« verlang de Noversch. Ick geev to bedinken, wat'n för de RECHTE Siet tostännig is, nich för de linke. Dat hölp, se leet den Punkt fallen.

In'n November sneed ick düchtig Telgen aff, de Fro Braun ehren Weg blockeeren dän, un bröch ehr 'n groten Adventsstruß no vis-à-vis röber, näm se an't warken wär. Dat müß doch met'n Düüvel togohn, dach ick, wenn'n sick nich in'n Gooden eenig warrn un in Freden met'nanner leeven kunn.

Man met dat Dinken is dat so'n Sok. Dat wies sick gau, wat Fro Braun dat Besnieden nich radikol nog west wär: Se hal no, wat ick ut ehre Sicht versüümt harr. So wär us Gorden nu no achtern to reinweg open, un dat duer gor nich lang, dennso kunn ick jeden Dag frömde Kinner dor rutbenschen, jümmers annere noch dorto. Dat snack sick ünner de lütten Rabauken woll gau rüm.

Man dat käm noch beter. Mien Dochter höll buten 'n Meddagssloop, dor käm doch warraftig Fro Braun antolopen un wook ehr op. Se süng wedder dat ole Leed,

vun wegen 'n Weg bruken, de us nich toheurn deit, UNERHÖRT SOWAS. So bi lütten lang mi dat. Ick wär medderwiel heel öbertüügt, wat dat le leeve Noversch gor nich üm den Weg to doon wär, sonnern eenzig üm dat Prinzip. Un ick harr de Nees vull!
Siet söß Mand steiht dor nu'n Tuun, op mien Reken. De Stremel dorachter is verschinktet Land, näm dat Kruut sick breed moken deit. Bet op düssen Dag is dor noch nüms dörlopen.
Tominnst hevv ick de Noversch nu den Wind ut de Seils nohmen. Dat heet, wat den Weg angeiht. Se let sick nu anners wat infallen. So hett se sick över de Telgen vun usen witten Fleeder beswoart, de öber den achtern Tuun recken doot, un öber de Woddel vun den grooten Boom, de no ehr röberkruupt. Me de Ümwelt hett fro Braun oogenschienlich nix an'n Hoot. Keen weet, wat för'n Ansinnen se tokomen Mol opdischen ward, un wanehr.
Dat süht dor jedenfalls ganz no ut, as schull Schiller recht behollen, wenn he seggt, wat de Fraamste nich in Freden leeven kann, solang as dat den beusen Nover nich topaß is.

ANNE SCHNIEDERS

Geerd Meier

Mien Geschicht spölt ton Tied, as de Worden »Penner« un »Asozialer« bi uns up Fehn noch nich brukt wurn. Nee, un disse Worden paasten für uns Naber Geerd Meier ok gornich. Penner weer he nich, he levte in een lüttje Fehnhus bi uns in de Wiek. Un asozial kunn man hum ok seker nich nömen. In Gegendeel, he leep, tominnst solang as de Lü bi uns denken kunn, van Hus to Hus un proote mit de Lü, vertellte hör dat Neeieste ut de Gegend un kreeg dorför wat to eten un to drinken. Sien Revier, de he to Fööt ofloopen kunn, gung van Jheringsfehn, wor he levte, bit Warsingsfehn in Richtung Leer un Timmel nau Auerk to.
Geerd was van undefinierborn Oller, drog sömmers un winters een dicke Mantel, dunkle Büxen un klobig Schoh. Allens, wat he unnerwegs fun un bruken kunn, kwamm in een tosomenbunnen Bündel. So lüttjet he ok weer, he kunn ganz gewaltig fix loopen. Egenlich harr he blot een Fehler: He stunk so! Nämlich an sien Liev kwem blot höchstens tweemol in't Johr bittje Woter. Twee olle Naberinnen, de noch mit hum verwandt weern, wuschen hum of un to achtern in't Hus. Geerd schkull denn immer noch dagelang up de beiden as een Rohrspatz.
Bi mien Ollen keem Geerd ziemlich oft un kreeg dat, wat van't Middageten överbleven weer. Un dat weer de springende Punkt: Wi Kinner futerten all, wenn he rin-

kwamm. Vör allem ik, de ik all nau Auerk naut Gymnasium gung, harr hum »freten«. Kien een ut mien Klaas muß middags tegen son oll Keerl sitten un eten. Un nich genuch dormit, dat he stunk, he sabberte ok noch. Nee, mi schmeckte dat nich mehr, wenn Geerd kwamm. Dat mok hum ober nix, he att ok noch mien Portion up. Un denn vertellte he uns Kinner immer van de Preußen un van Bismarck. Vör allem de Preußenkönig Friedrich de Grote harr dat hum andön. De funn he god, weil de mol seggt het, dat jedereen nau sien Fasson selig worn sull.
Nee, dumm weer Geerd nich. He kunn sien een Hand nich richtig bewegen, dorum harr sien Moder hum nix lährn loten, sondern hum bi sük in't Hus holln. Nu leep he sien Leven lang bit Padd un harr sien Lü, de hum wiederhulpen. Dat gung göd.
All mien Klogen hulpen nix. Mien Ollen seggten, wenn sovöl Eten överbleev, denn kuhn dor ok noch een Minschke mehr van satt worn. Un mien Vadder, de to See fuhr, seggte immer: »Wenn ik mol nich mehr nau See kann, denn wor ik net so as Geerd.« Jedes Mol, wenn uns Papa weer an Bord muß, kwem Geerd vörbi un seegte hum: »Lebewohl, Rudolf.« Dat seegte he immer ganz eernst. Dorför kreeg he van mien Moder een Schnaps. He broch ok immer een Packen olle Zeitungen för uns Vadder mit, man de nam de nich mit an Bord, weil se so stunken.
Nu, eenmol weert weer so wiet, ant nächste Dag sullt weer los gan för uns Vadder. Ik kwem van't School, sach Geerd un verschanzte mi sofort achter de Blad. Mien Ollen harrn sük över Middag kört henleggt. Geerd att sien (un mien) Middag, stunn up un gung.

Blot gung he nich nau buten, sondern direktemang bi mien Ollen in't Sloopkamer, wor he sük bi uns Vadder up Bettkant sette. Mien Moder wur ganz düll, man mien Vadder lachte lut un seggte to Geerd: »Nee, Geerd, du büst son Minschke, mischt di sogor in mien Eheleben in.«

Kört dornoh, 1975, bleev mien Vadder bi een Unglück up See. Geerd satt bi uns in Kööken un brullte Schnött un Quiel. Komisch, mitmol mok mi dat nix mehr ut, dat he stunk.

Een Johr later wur Geerd krank, he harr sük een Lungenentzündung holt. Dat hum, de sien Leven lang nicht krank west weer. Man he weer ja ok olt, so tüschen söbentig un achtig, kien een wußt genau. Se brochen hum nau Leer in't Krankenhus, dornau kwem he in't Altenheim. Mien Moder wur as sien Vörmund bestimmt. Eenmol, as se hum besöcht harr, seggte se: »Geerd levt nich mehr lang. Se harrn hum so fein wuschen un een witte Sloopanzug antruken. He weer gornich weertoerkennen. So'n lüttje Keerl weer he nu.«

Se harr recht. Dor weer dat to sauber. Geerd het sien Ogen dichtmokt.

Wenn ik vandag nau mien Moder henfohr, denn koom ik ok an Geerds Hus vörbi. Dat hört jetzt junge Lü. Allens is fein upstäh um't Hus to. Ik denk oft, dat dat doch moi weer, wenn ik son Keerl as Geerd nochmol unnerwegs sach, man süke Nabers sünt woll utstürm.

ERNST SEEMANN

Nich wiedervertell'n...

Man, dor kanns't mol sehn wat so snackt ward, wat sik de Naversch'n all so vertellt, is meist nich to glöven. Anfung'n hett dat dormit, datt Lisa Meier ehr Fründin Olga drapen dä. »Hest all sehn?« fallt Lisa över ehr her, »hest all sehn, de olle Martens hett jo nu so'n ganz junge Deern. Se schall all bie em wahnen – stell di vör! Ik heff vundag beid Arm in Arm över de Straat steveln sehn. Nee ok doch – mi deit jo blots sien Ida leed. Wat mutt dat arme Froonsminsch blots utholln! Nee düsse Kirls! Je oller, je doller!! Ober vertell dat man nich wieder, west jo, wat dor bie rutkümmt.«
»Ik warr mi wohr'n«, seggt Olga. »Ik will mi dor woll rutholl'n...« Tschä, un nu sitt se dor mit an, Olga. Nu hett se mol 'n Neeigkeit, un nu kann se de nich loswar'n. Un dorbie is dat doch 'n Toppsensatschoon! Schiet dat!
To'n Glück löppt ehr Elli Kramer övern Weg. De wohnt bie Martens blangenan, de mutt jo wat weeten. »Dag ok«, smüüstert Olga sik ran, »hebbt se all hört, de olle Martens schall jo nu so'n junge Deern hebben. Se wohnt ok all bie em. Jo, un de Scheedung schall ok all lopen. Ik heff dat man blots hört, weeten se nix dorvun af???«
»Weeten?« antert Elli, »nee weeten, dat is toveel seggt. Seh'n heff ik dat woll, ik kunn dor blots keen Klook in kriegen! Ober dor kann man mol sehn: Egolwech dat

sülvige mit de ollen Kirls! Kummt 'n junge Deern – batz dreiht se dörch. Nee, nee, nee, mi kann keeneen wat vertell'n, ik heff dor noog mit dörchmokt!«
Veel kunn Olga dor nu jüst ok nich mit anfang'n, ober se weer't los.
Man nu seet Elli Kramer dormit an. Un dat Leege weer: Dor weer nüms dor, den se de Neeigkeit harr vertell'n kunnt. Un segg doch sülmst: Wat nützt 'n »Vertell'n in Vertruen«, wenn'n dat nich »in Vertruen wiedervertell'n kann«...
Bleev blots noch ehr Hermann över. De wull dor ober nix vun weeten, man anhör'n müß he sik dat liekers: »Stell di vör, wat ik hört heff«, jieper Elli los, »de olle Martens hett sik 'n blootjunge Deern in't Huus holt. De Scheedung is ok all klor, se weer'n all bie 'n Anwalt. Sien Froo hett all 'n niege Wohnung utsöcht. Igitt, so'n oll'n Buck! Un de Deern, so'n Flittchen! Wat de woll dorvun hett?«
»Holl dien Rand, du olle Sabbelsnuut«, gnadder Hermann, »hest nix anners to don, as to sludern?«
»Sludern? – ik un sludern??« Elli Kramer blifft meist de Luft weg. Dat is de reinste Wohrheit! Dat süht doch 'n Blin'n mit 'n Krückstock, datt dor wat nich stimm'n deit!«
Miteens bimmelt dat an de Huusdör. Elli mokt op. Buten steiht Modder Martens. »Och, entschülligen se man, ik wull man blots mol frogen, wat se mi nich mit 'n beeten Zucker uthelpen könt. Bie uns wohnt jo nu de Deern vun mien Broder ut Husum, hett hier jo 'n Studienplatz kreegen un se mach jo nu mol so geern Zucker in' Kaffee...«

»Na klor doch, Froo Martens! So, ehr Broder sien Deern is dat, heff ik mi doch meist all dacht! – Jo, komt se doch 'n Oogenblick rin. – So'n nette Deern as dat is. Ik heff jo glieks to mien Hermann seggt:
Hermann, heff ik seggt, Hermann de Deern nu bie Martens, wat is de doch eenmolig fründlich, un so flietig – nich Hermann??? Jo, jo beste Froo Martens, dor hett unseneens doch 'n Oog för, nich...?«
Nich 'n lüerlüttje Spor rot is se worr'n, Elli, hett sik gliek op de niege Situatschoon instellt. Dor kanns mol sehn, wat Sluder-Profis sünd! Sünd wi jo de reinsten Amatöre gegen.
Ober, vertell dat man nich glieks wieder...

KLAUS TENHAVEN

Dor kennen Se…

Ick bün nu all een good Stück lang in Brake as Meester in'ne School, un dorbi leerst du ook all de Kinners un de Naverschupp kennen. Harr ick dacht.
Wi harrn dor in'ne negente Klass een neemodsch Thema. Et güng üm de ›Kernkraft‹ un üm de verdüllten ›Atombomben‹. Dor wullen de Jungs all'ns von weeten.
Ick vertellde denn ook, dat dat nie nich passeeren drof, dat een Krieg kamm. Stellt ji dat erst vör, wenn hier een van de ›Atombomben‹ fallen de, dann de tüsken Nordenham un Elsfleth nümms – kien Minschk – mehr leewen.
Dor sitt in'ne derte Reeg de Jens-Uwe, lehnt sick torügg un seggt: »Dor kennst du aber min Moder nich!«
Dor weer et een korten Tied lang still, dann prusteten elk welck los vor Lachen.
Ick dacht bi mi, du kennst de Naverschupp doch nich good nog.

CLAUS WILLECKE-AHRENS

Sünndachmorjen in November

Wenn ick mik ain Brot en Kese un Striekesticken köpen will, oder swinne mal ne Rulle Klosettpapier bruken dau, denne mot ick erst twai Kilometer wiet lopen. Dat kummet daher, weil mien Lüttich old Huus sau wiet buten von Dörpe liggen deit; un sau häv ick ok kein direkt Naverslüü. »Watt'n Sejen«, mach manch ain seggen. Ja, ja, de leeven Naverslüüd, watt kann'n da nich allens so drover hören. Da jift et saune wecke un saune wecke. Avers da jift et nich bloss dä von nevenan un gegenover, da sün ok noch dä von wiet wech, de Friesen, Bajovaren, Rhienlänners un Franzmänner un watt nich allens. Avers mit de Naversmann, wo ick nau drover vertellen will, da hatt eh ganz watt anners up sigg. Dat is'n Mann Kerl von annern Steern kann'n balle seggen. Un noch vorn half Jahr härre mik keen Minsch düsse Geschicht glöfft.
Et was up'n twaiten Sünndachmorjen in November, da stünn ick all froi up von mien Bedde un gung ruut. Nin korten Wech von paar Minuten da käm ick na de Landstraate wo all an Hupen Lüüe staan dön un alleman tauhope keiken sai in aine Richtung. Den Avend davor ta toi'm sai ok all un keiken. Dat was sau wie in den Märken von de twai Königskinner de nich taunanner komen künn; avers hier was man nich bloss de deipe Graven... We keiken un toi'm, avers glöven kunn'n we woll nich sau rech, watt we hopen döne. As we sau stunnen, mit

koolen Fäuten, un luern, dat et dag werden salle, damit 'n noch wier keiken kann, da kämen doch drai Uniformierte anmascheiert, sai slenkerten de Arms wie Cowboys, maken kehrt up'n Hacken un planten sigg breitbeinig up. De aine, watt wull de Jüngste was, de keike snicke over sien Schulder na üsch rover un'n ole Fru von use Hupen lope swinne na den staatschen Vopo, drück em de Hand un denne fullen sai sigg in de Arms sau wie Modder un Sohn. Dat ise was broken! Un da slenderten all de Schienwarfers von den ersten Trabbi de holprige Straate up üsch tau un glieks hinterher keim an Arbeiter up'n old verrust Fahrra. Saun Drahtessel häv ick mien Leeven noch nich sahn. De Keerl hold an, tranens looped man sau sien Gesicht run un hei prahle: »Ick kom von dröben, ick kom von Velten, ut'n Bedde hätt sai mik holt, dat ick süsse Straat trecht make un da wüss ick: de Grenz wart open, de iserne Vorhang fallt!« Wo hei dat sau ganz uppereget ruut scheiten dau, da wüss ick, düt Bild behole ick, dat güng mik deip under de Hut un jenau hinder sien Koppe ging de Sun up un frai sick ok. Ick nahm em midde na Huus un hai bleeve vor de Door staan un sech: »Wo often häw ick düt Huus sain von mien Trecker ut un dick hier buten in Garden un bien Holthacken, nich tau glöven einfach nich tau glöven.« Un ick ok, wie oft harr ick den Trecker von de LPG ROTER STERN da hinnern Tuhn sein, kain half Kilometer wiet wech, jeden Froijahr, Summer un Harvst un düsse Miensche seit drupp un konne bloss keiken un keiken durch'n Stacheldraht, hei kunne nich mal roverwinken. Sau dichte un doch sau wiet utennanner; fortie Jahre, Winters un Sümmers lang. Kain twai

Stunnen dana was ick droven in de Kerke un de Paster sech ick sall mal na vorne komen un'n betten vertellen. »Hundert Jahre, up'n Monat jenau, sech ick, is et nu her dat mien Grootvader hier in düsse Kerke döfft worden is. Hei vertell mik veel von sien Dörpe, ok dat da over Fiefdusend Hektar Land taujehört un dat de Ackens jümmer Brot jeben hätt, ganz egal weche Regierung dran was. Nau looped man nich glieks rover hindert goldene Kalf her, bliebet sinnig un laat usch den 126. Psalm lesen: »Wenn der Herr die Gefangenen Zions erlösen wird, so werden wir sein wie die Träumenden. Dann wird unser Mund voll Lachens und unsere Zunge voll Rühmens sein«. Da Kruppet'n morjeng ut'n Bedde, is ganz alleen up wien Fluur un wett nich dat'n taw Middach all ain paar Hundert jieje leeve Naverslüüd hebben deit. Un wo feele iserne Vorhänge gift noch butten in de Welt twischen de Völkers un leider ok twischen de Naverslüüe. Avers we alle häw naw belevet wo hille sigg dat ännern kann, denn ok did steit in 126. Psalm: »Die mit Tränen säen, werden mit Freuden ernten«. Da salle man öfters mal dranne denken!

EDMUND WILKENS

Nee Navers

»So, un disse Lüüd schöölt bi us wahnen – in us Huus?« Gerd Eilers sien Fingers trummeln up den Disch. De Flamm van de rode Keers in den Adventskrans fung an to küseln.

»Översiedlers. Ok son neemoodsch Woort. Goot – weer nich all up Stää dar günnen. VEB un Stasi un so. Aver dat is nu ja vörbi. Un wi sitt hier doch ok nich so warm in de Wull. Drinkt nich jeden Dag Schampanjer. Un denn giff't ja noch 'n Reeg anner Lüüd, de up use Knaken läven wüllt.«

Christine Eilers harr dat Stricktüüg in 'n Schoot sacken laten. Se streek ehr Haar torüch un keek ehrn Mann nadenkern an. »En gediegen Bild, wat du di dar t'rechtmaalst, Gerd. Du kennst de Minschen doch gar nich, aver du snackst...«

»Gediegen? Güntsiet stunn Marx up'n Altaar, un hier gifft usen Pastoor ehr en Ünnerdack in't Gemeendehuus.«

»Ja, en Ünnerdack – en lütte Kamer för dree Minschen, ton Wahnen un Slapen; en Huck för't Kaken. Un bi us in'n Huus steiht en Wahnung leddig, södder Mudder in de Wohrheit gahn is. Daarüm hett Pastoor Janssen mi fraagt.«

De Fro nehm ehr Strickwark wedder in de Hannen, de Nadeln klappern liesen. Gerd Eilers harr sik t'rüchlehnt. De Piep weer em utgahn. He greep na de Riet-

sticken. »In Mudder ehr Wahnung? Ji sünd ja mall!« He schüttkopp. Blage Wulken dampen ut sien Piep.
Vör Christine Eilers ehr Ogen stunnen de Biller van de verläden Wäken. Se sehg de junge Fro Malchow ut Meckelborg. Dat Gesicht van en Koppdook raahmt, gung se jeden Avend na de Filiaal van de Spaarkaß, maak de Büros rein. Se muß an den lesden Maandag denken. Do weer de junge Fro ton Öllern-Versammeln van't tweete Schooljahr kamen. Fründlich harr se Goden Avend baden, weer still sitten gahn, un as de Mester seggt harr, bi't Räken, dar weer ehrn Jens de annern Kinner wiet över, do weer se rot wurrn.
Christine harr de Wöör van ehr littje Gesche noch in't Ohr: »Du, Mama, Jens kann sogaar platt snacken. Liggt Meckelborg ok in Düütschland?« Un ehr gung ok dör'n Sinn, woans Heinz Wessels em röhmt harr, den Mann van güntsiet. Heinz bedreev en Bo-Ünnernehmen, dat eenzig in de Gemeen, he harr 'n Bult van Updrääg, blot mit Müürlüüd, dar sehg dat man naar ut, un dorüm weer em Fritz Malchow, de Meckelborger, jüst topaß kamen. Van 'n eersten Dag an harr he sien Arbeit daan, still un stadig, un wenn dar Överstunnen nödig deen, sä he nich van Nä.
Worüm wies Gerd sik so obsternaatsch? He günn ehr knapp dat Woort, harr sik achter de Zeitung verkrapen un wuß doch nicksnich af van disse Minschen.
Miteens sneed de Klingel den Gedankenstroom af. As Christine Eilers över de Vördeel gung, höör se buten ehr Gesche snuckern. Se reet de Döör apen. Dar stunn de Deern, kladdernatt an't ganze Lief, dat Gesicht smuddelig, de smaalen Schullern tucken.

»Oh Gott, mien Deern, wat – wat is passeert?« Se toog Gesche in't Huus un nehm ehr Kind in de Arms. Gerd Eilers stöör up de Deel, he sehg de Tranen in Gesche ehr Gesicht. As he de Huusdöör dichtmaken wull, wurr he enen lüttjen Jungen wies. De stunn an de Poort, dreih sik um un stapp de Straat hendal.
»Hett he di wat daan, de Knevel?«
»Nä!« Gesche schüddel den Kopp. »Jens hett mi bit an de Döör brocht.« En korte Tiet darna seet de Deern in de Baadkuup. Ehre Backen harrn de Klöör wedderfunnen. Mit beide Hannen holl se'n Glas mit hete Melk, enen groten Läpel vull Honnig harr ehr Mudder dar in umröhrt.
Langsaam fung Gesche an to vertellen, keem dar tögerich mit vor'n Dag, woans se sik öövt harr up ehr nee Skateboard un wat för'n Spaaß dat maken dee, wenn'n de Balanz holen kunn un risch darhen suus över de Straat. Bit dat se an den Steenweg kamen weer, wor't hendal gung na den Löschdiek; to foß weer de Swung wesen un dat Brett weer so gau lopen, wat se sik nich troot harr aftospringen.
»Un so büst du in den Diek...?«
»Ja, Mama. Dat gung all so fix, un dat Water weer so iesig, un ik kunn kienen Grund kriegen, un ganz luut wull ik um Hülp ropen, man dat weer blot 'n Kröchen.«
Gerd Eilers streek Gesche zaart över'n Kopp. »Un denn hest du't doch wunnen, mien Deern?«
»Nä, Papa. Harr ik alleen gar nich kunnt. Aver Jens keem dar langs mit sien' Vadder. Un do is Jens sien Papa in den Pool kamen un hett mi dar ruuthaalt.«

Gesche nehm'n ornlichen Sluck van de hete Melk. En bäten bang keek se na baben. »Sünd ji mi slimm böös?«
Christine Eilers truck Gesche ut de Kuup. Se rubbel ehr af un drück de Deern dicht an sik. Gerd Eilers weer liesen ut de Baadstuuv gahn. Denn keem he torügg, sien Mütz up'n Kopp.
He toog de Mütz 'n Spier dal un keek sien Fro man knapp an. »Ik – gah noch äben na Pastoor Janssen hen.«

Die Autoren

AHSEN, HEINRICH VON

Heinrich von Ahsen wurde 1930 in Bremen geboren, wo er auch heute noch lebt und arbeitet. Der Spediteur und Hobby-Vogelzüchter begann vor 10 Jahren damit, seine Gedanken auf plattdeutsch niederzuschreiben- in einem Urlaubsbrief an seinen Hausarzt. Von da an ließ ihn das Schreiben von plattdeutschen Geschichten nicht wieder los. Der Gewinn bei »Vertell doch mal – De leeven Naverslüüd« ist für ihn der bisher größte Erfolg und die schönste Bestätigung.

BARTELS, ANNELIESE

Aus Westoverledingen kommt Anneliese Bartels. Probiert hat die 62jährige Hobbyautorin es zunächst einmal mit einem Theaterstück. Als das dann gut ankam, versuchte sie sich auch an Prosa und Lyrik. Mit Erfolg, wie man lesen kann. Ihre Geschichte zum Wettbewerb »Vertell doch mal« basiert auf eigenen Erfahrungen. Einen großen Wunsch konnte sich die Hausfrau aus Ostfriesland bisher noch nicht erfüllen: einmal als Rundfunk- und Fernsehautorin arbeiten.

BAUMGART, LIESEL

Liesel Baumgart kommt aus Marne in Schleswig-Holstein und ist gelernte Fremdsprachenkorrespondentin. Eine Fremdsprache ist das Plattdeutsche für die 31jährige längst nicht mehr. Anregung zu ihrer Geschichte bekam sie durch ihren kleinen Foxterrier »Robin«, mit dem sie gern spazierengeht, um nette Leute zum Klönsnack zu treffen. Ihren Urlaub verbringt Liesel Baumgart am liebsten zu Hause in »Gartanien«.

BERKHOUT, JOHANNES

Brake an der Unterweser ist die Heimatstadt von Johannes Berkhout. Wenn der rüstige Rentner gerade nicht an einer plattdeutschen Erzählung schreibt, macht er ehrenamtliche Führungen durch Stadt und Museen – die dann allerdings auf hochdeutsch. Drei Hörspiele hat der 70jährige bereits verfaßt, aber sein größter Wunsch bleibt ein spielbares Theaterstück, denn Johannes Berkhout wäre gerne Bühnenautor.

CARSTENSEN, RICHARD

Bis zu seiner Pensionierung war Richard Carstensen im Höheren Schuldienst tätig. Als Doktor der Philosophie interessiert ihn v. a. die mittelalterliche Schwankliteratur, die auch die Anregung gab für seine Wettbewerbsgeschichte. 1906 wurde der heute in Lübeck lebende Hobbyautor in Apenrade geboren und hat immer im nördlichsten Bundesland gelebt. Selbst in den Ferien bevorzugt er die Nordsee, aber es darf auch einmal der Schwarzwald sein.

COHRS, SIGRID

Als freiberufliche Übersetzerin arbeitet Sigrid Cohrs in Hamburg. Der Spaß am Schreiben und ihre Vorliebe für die plattdeutsche Sprache brachten sie zur Teilnahme bei »Vertell doch mal. De leeven Naverslüüd«. Die Idee für das Thema ihrer Geschichte kam der 31jährigen, als sie sich mit der aktuellen Situation auf dem Hamburger Wohnungsmarkt beschäftigte. In ihrer Freizeit liest sie am liebsten englische Literatur.

COLLANI, URSULA VON

Durch den Wettbewerb »Vertell doch mal. De leeven Naverslüüd« kam Ursula von Collani zum Schreiben von plattdeutschen Geschichten. Die ehemalige Rundfunk-Journalistin lebt heute in Bad Harzburg in guter und dichter Nachbarschaft zur DDR. Ihre Geschichte mit deutsch-deutschem Thema basiert denn auch auf einer wahren Begebenheit. Auf die Frage, was sie gerne sein möchte, ist ihre spontane Antwort: ein guter Christ.

CORDES, BERTHOLD

Mit kleinen hochdeutschen Liedtexten hat Berthold Cordes angefangen, heute schreibt er Geschichten in seiner Muttersprache Plattdeutsch. Beruflich benutzt der Bankkaufmann das Plattdeutsche regelmäßig, zu Hause nur manchmal. Das Sammeln historischer Heimatberichte ist eine der vielen Lieblingsbeschäftigungen des 40jährigen aus Ostereistedt im Kreis Rotenburg/Wümme.

DENKER, CORD

Ganz und gar norddeutsch ist Cord Denker: Geboren in Hamburg, wohnhaft in Bargteheide und im Urlaub am liebsten in Norwegen oder auf der Insel Amrum. Das Plattdeutsche hat sich der Pastor »hart erarbeitet« und daran Spaß gefunden, es zu sprechen und zu schreiben. Für die Renovierung der Großen Synagoge in Budapest setzt er sich auch in seiner Freizeit ein und rief dafür eine Spendenaktion ins Leben. Skilanglauf ist seine große Passion.

GÖTZFRIED, KAROLINE

Karoline Götzfried wohnt in Hamburg und ist 82 Jahre alt. Frankreich und die französische Literatur haben es der ehemaligen Fremdsprachenkorrespondentin angetan. Wenn Sie nicht selbst Geschichten schreibt, dann liest sie leidenschaftlich gerne und hält es ansonsten mit einem alten chinesischen Sprichwort, das in etwa lautet: Wünsche dir nicht, ein anderer zu sein, bevor du nicht einen Tag in dessen Schuhen gelaufen bist.

GREIFE, LIESELOTTE

Ihre niederdeutsche Wahlheimat Cadenberge liebt Lieselotte Greife so sehr, daß sie auch ihre Ferien am liebsten hier verbringt. Besonders gerne beschäftigt sich die ehemalige Erzieherin mit Heimatkunde und archäologischer Fachliteratur. Ihre Geschichte für den Wettbewerb ist ihrem verstorbenen niederdeutschen Großvater gewidmet und beruht auf einer wahren Begebenheit.

GROTE, HANS GEORG

Ein ungeliebter »Sauertopf« möchte Hans Georg Grote in gar keinem Fall sein. Der pensionierte Rektor bezeichnet sich selbst als Frohnatur, deren größter Wunsch es ist, einmal eine selbst verfaßte niederdeutsche Komödie auf der Bühne oder im Rundfunk erleben zu dürfen. 1921 wurde der heute in Hamburg lebende Autor in Königsberg geboren. Seine plattdeutsche Wettbewerbsgeschichte hat sich im wesentlichen so zugetragen.

GROTE, IRMGARD

Der Aufruf zum NDR-Wettbewerb und die geschichtsträchtige Zeit veranlaßten Irmgard Grote dazu, ihre wahre Begebenheit auf plattdeutsch aufzuschreiben und so einen Beitrag zu leisten, daß ihre liebste Sprache weiter fortbesteht. Die 82jährige lebt in Vorsfelde bei Wolfsburg, und zwar nach dem Motto: »Predigen soll der Pastor – ich kümmere mich um das Seelenheil der Gemeinde.« Für einen »Schnack« und einen guten Rat hat sie immer Zeit.

KAMP, HEINRICH

Heinrich Kamp hatte anläßlich des 1. NDR-Wettbewerbs »Vertell doch mal« die erste plattdeutsche Kurzgeschichte seines Lebens verfaßt. Beim zweiten Mal war er wieder erfolgreich dabei. Der Lehrer für Deutsch, Sozialkunde und Englisch unterrichtet einen Teil seiner Stundenzahl in einem Krankenhaus in Wilhelmshaven. Seinen größten Wunsch hat sich der 43jährige bis heute nicht erfüllt: Einige Jahre in Kanada zu leben.

KRÄMER, USCHI

Zeven-Wistedt ist die Heimat von Uschi Krämer. Hier ist sie auch in den Ferien am liebsten, zusammen mit »ihren« Menschen und Tieren. Programmdirektor beim Hörfunk möchte die Philologin gerne sein, vielleicht weil sie dann ihre Lieblingsbeschäftigung vielen Menschen zugänglich machen könnte: das Vorlesen von plattdeutschen Geschichten.

KRUMREI, ROBERT

Geboren und wohnhaft in Delmenhorst ist Robert Krumrei. Der leitende Mineralölkaufmann ist inzwischen pensioniert, aber nicht ohne Beschäftigung. Lesen, Diskutieren, Filmen und Fotografieren füllen seine Zeit ebenso wie das Schreiben von plattdeutschen Geschichten. Die Anregung zu dem Thema seiner Geschichte für »De leeven Naverslüüd« bekam der 59jährige durch eine Kurznotiz in der Tagespresse.

LOGEMANN, ELISABETH

»Snacken mit de Navers« – das ist die Lieblingsbeschäftigung von Elisabeth Logemann. Als pensionierte Gemeindeschwester der Halligen

Oland, Gröde und Langeness kann sie auf 20 erlebnisreiche Berufsjahre zurückblicken und hat dies für ihre Geschichte zum NDR-Wettbewerb »Vertell doch mal« genutzt. Der größte Wunsch der 67jährigen ist, ein Buch zu schreiben über ihr schönes und aufregendes Leben.

LÜTTKE, LENI

Leni Lüttke lebt in Lübeck und ist 51 Jahre alt. Ihre große Leidenschaft ist das Theaterspielen, das sie selbst aktiv als Spielerin der »Niederdeutschen Bühne Lübeck« betreibt. Hierdurch entstand auch die Idee zu ihrer Wettbewerbsgeschichte. An der See verbringt sie am liebsten ihre Ferien, in denen sie sich ihrem zweiten Steckenpferd, dem Lesen, widmen kann. Sie bevorzugt u. a. Werke von Kafka, Lenau und Gorkij.

MAHLENDORF, WERNER

Auch Werner Mahlendorf ist Laienschauspieler, und zwar am »Niederdeutschen Theater Bremen«. Der ehemalige Geschäftsführer einer Eisenbahngesellschaft wurde 1935 in Schlesien geboren und lebt heute in Ganderkesee in Ostfriesland. Plattdeutsche Routine bekam er nicht nur durch sein Theaterspielen, sondern auch durch das Schreiben von wöchentlichen Beiträgen für eine Zeitung. Eine Weltreise ist sein größter Wunsch.

MANDEL-GÄRTNER, GABRIELE

Die niedersächsische Landeshauptstadt Hannover ist Heimat und Wohnort von Gabriele Mandel-Gärtner. Die 40jährige hat nach langer Berufstätigkeit Büro und Außendienst hinter sich gelassen, um sich jetzt ausgiebig um ihren Mann und ihren kleinen Sohn kümmern zu können. Sie schreibt schon seit 15 Jahren auch hochdeutsche Kurzprosa. Das Ehepaar Henze in ihrer Geschichte gleicht nicht nur zufällig einem ihr bekannten Paar.

MENNENGA, JANN

Das Gärtnern ist die Lieblingsbeschäftigung von Jann Mennenga aus Leezdorf. Der heutige Rentner war vorher 35 Jahre als Bankleiter tätig und hat sich in seiner Freizeit viel mit dem schweren Leben der Moorsiedler beschäftigt. Dies gab ihm auch die Anregung zu seiner Geschichte für den Wettbewerb »Vertell doch mal«. Seine Ferien verbringt der 62jährige am liebsten auf der blumenreichen Insel Teneriffa.

OESTMANN, ANNA

Ihre Ferien verbringt sie am liebsten in Griechenland, aber zum Schreiben von plattdeutschen Geschichten ist Anna Oestmann durch ihr Heimweh und die Wehmut über ihr »verlorenes Paradies«, die frühere Insel Finkenwerder, gekommen. Die 1926 geborene Hausfrau und Hobbygärtnerin wohnt in der Nordheide, und zwar in Regenbostel. Die Idee zu ihrer Geschichte entstand durch ein Erlebnis bei der Geburt ihres Sohnes.

PAFF, HEINRICH

»Loot mi tofreden!«, das ist der größte Wunsch des 85jährigen Musiklehrers Heinrich Paff. In Hameln/Weser geboren, wohnt er heute in Hamburg-Harburg und ist mit sich zufrieden. Seine Lieblingsschriftsteller sind – und zwar in dieser Reihenfolge – Shakespeare, Eichendorff, Mörike und Fritz Reuter. »Der Außenseiter-Straßentreff war Wirklichkeit«, antwortet er, wenn er auf seine Geschichte angesprochen wird.

SCHMIDT, HILDEGARD

Der Niederdeutsche Bühnenbund prämierte bereits 1969 eine Geschichte von Hildegard Schmidt, geborene Reins. Die 66jährige Buxtehuderin, die in Hamburg geboren wurde, ist im Ruhestand und beschäftigt sich am liebsten mit dem Schreiben. »Eine anerkannte Autorin«, das möchte sie gerne sein. Einen ausgesprochenen Lieblingsautor hat sie nicht. Werke von Theodor Fontane und Rudolf Kinau sowie englische und französische Literatur gehören zu ihrer bevorzugten Lektüre.

SCHNIEDERS, ANNE

Die arbeitslose Lehrerin, die jetzt als Hausfrau und Mutter ihren kleinen Sohn als »Lieblingsbeschäftigung« bezeichnet, wurde 1956 in Leer/Ostfriesland geboren und wohnt heute in Papenburg. Zu Hause wird platt gesprochen. Zum Schreiben von plattdeutschen Geschichten kam sie durch den NDR Wettbewerb. Ihre Geschichte ist wahr. »Ich wollte sie immer schon mal aufschreiben«.

SEEMANN, ERNST

In den Bergen verbringt der Hamburger Lehrer Ernst Seemann am liebsten seine Ferien. Auch dort hat er dann Zeit für seine Lieblingsbeschäftigung: das Schreiben von plattdeutschen Geschichten. Darüber hinaus spielt er auch gerne plattdeutsches Theater. Durch zwei Nachbarinnen, die auf der Straße heftig miteinander diskutierten, kam der 1931 geborene Autor auf die Idee zu seiner Geschichte.

TENHAVEN, KLAUS

1929 in Rheine/Westfalen geboren, wohnt der Lehrer und nebenberufliche Architekt Klaus Tenhaven heute in Ovelgönne in der Wesermarsch. »Da wenig geeignete Stücke vorliegen«, schreibt er auch Geschichten für den Vorlesewettbewerb »plattdütsch« für Grundschulkinder. Am Meer in Dänemark verbringt er am liebsten seine Ferien, und sein größter Wunsch ist, gesund zu bleiben. Seine Geschichte beruht auf einer tatsächlichen Begebenheit in einer Hauptschulklasse.

WILLECKE-AHRENS, CLAUS

Boris Pasternak ist der Lieblingsautor von Claus Willecke-Ahrens, der in verschiedenen Berufen auf vier Kontinenten tätig war und ist. Sein größter Wunsch ist »Selbstverwirklichung (im indischen Sinn)« und seine Lieblingsbeschäftigung Landarbeit, hier und in südlichen Gefilden. Der 47jährige spricht platt mit seinen Eltern und DDR Bürgern im Nachbarort von Mattierzoll, wo er wohnt. Seine Geschichte erlebte er selbst.

WILKENS, EDMUND

Edmund Wilkens wurde 1932 in der oldenburgischen Küstenstadt Varel geboren und lebt heute noch dort. Der »gelernte« Lehrer ist als Buch- und Hörspielautor sowie durch zahlreiche Autorenlesungen einem breiten Publikum bekannt geworden. 1989 erhielt er den Freudenthal-Preis für niederdeutsche Dichtung. Er schreibt hoch- und niederdeutsch – letzteres, weil es ihn reizt, »mit dem kargen plattdeutschen Sprachmaterial zu arbeiten«. Die Idee zu seiner Kurzgeschichte erwuchs aus der aktuellen Situation im November 1989, als sich die deutsch-deutsche Grenze öffnete.